성공과 좌절

노무현 전집 3

성공과 좌절
노무현 대통령 못다 쓴 회고록

노무현 지음

2019년 5월 3일 초판 1쇄 발행

펴낸이 ＊ 한철희
펴낸곳 ＊ (주)돌베개
등록 ＊ 1979년 8월 25일 제406-2003-000018호
주소 ＊ 10881 경기도 파주시 회동길 77-20 (문발동)
전화 ＊ 031-955-5020
팩스 ＊ 031-955-5050
홈페이지 ＊ www.dolbegae.co.kr
전자우편 ＊ book@dolbegae.co.kr
블로그 ＊ imdol79.blog.me
트위터 ＊ @Dolbegae79

주간 ＊ 김수한
편집 ＊ 이경아
디자인 ＊ 김동신·이은정·이연경·김하얀
마케팅 ＊ 심찬식·고운성·조원형
제작·관리 ＊ 윤국중·이수민
인쇄·제본 ＊ 영신사

ISBN 978-89-7199-944-8 04080
ISBN 978-89-7199-948-6 세트

책값은 뒤표지에 있습니다.

＊ 이 책은 2009년 학고재에서 처음 출간되었습니다.

성공과 좌절

노무현 대통령 못다 쓴 회고록

노무현 지음

돌베
개

노무현 대통령 전집을 발간하며

노무현 대통령 서거 10주기입니다. 노무현재단은 그 10년 동안 일어났던 우리 사회의 변화를 살피고 재단이 벌였던 사업을 돌아보았습니다. 이제는 애도와 추모를 넘어, '사람 사는 세상'을 열고자 했던 노무현 대통령의 생각과 뜻을 시민과 함께 더 깊고 더 넓게 펼쳐 나가는 일에 힘을 집중해야 할 것입니다. 노무현 대통령의 전집을 펴내는 것이 그 첫걸음입니다.

여러 출판사에서 펴냈던 노무현 대통령의 책을 전집으로 묶는 과정에서 관련 사료를 면밀히 검토해 착오와 오류를 바로잡음으로써 더 정확한 텍스트로 만들었습니다. 노무현 대통령의 생애와 철학을 이해하고 연구하고 평가해 보려는 시민에게 이 전집은 확실하게 믿고 의지할 수 있는 자료가 될 것입니다. 기존 저서로 엮이지 않은 노무현 대통령의 말과 글 가운데 널리 알릴 필요가 있는 것을 가려 모아 말글집을 만들었습니다. 1권 『여보, 나 좀 도와줘』와 2권 『노무현의 리더십 이야기』, 3권 『성공과 좌절』, 4권 『진보의 미래』, 5권 『운명이다』는 이미 나와 있던 책이지만, 노무현 대통령의 말과 글을 모은 6권은 새로 편찬한 것입니다. 전집 세트를 통해서만 만나실 수 있는 7권은 사진과 함께 보는 노무현 대통령의 연보입니다. 앞의 책들 곁에 함께 두고 보시면 노무현 대통령의 삶이 더 풍부하고 입체적으로 다가올 겁니다.

노무현 대통령은 대한민국에서 가장 큰 책임이 따르는 공직을 수행했지만, 한 인간으로서는 보기 드물 정도로 겸손하고 소탈했습니다. '사람 노무현'의 느낌을 전하기 위해 소박하지만 품격이 있고 독자가 편안하게 읽을 수 있도록 책을 만들었습니다. 성의를 다해 전집을 제작한 돌베개출판사와 지난 10년 동안 노무현재단을 만들고 키우신 9만여 후원 회원 여러분께 노무현 대통령을 대신하여 따뜻한 감사 인사를 드립니다. 노무현의 시대를 직접 경험하지 않은 젊은이들이 《노무현 전집》에서 그분의 삶과 철학을 만나기를 기대합니다.

2019년 5월
사람사는세상 노무현재단 이사장 유시민

차례

이제 저를 버리셔야 합니다

1부

1   미완의 회고

성공과 좌절

노무현 대통령이 마지막까지 쓴 글이다. 준회고록 성격의 글로서 목차를 포함, 대강의 구성까지만 완성하고 서거했다.

원문을 그대로 살리기 위해 첨삭을 하지 않았다. 부호는 수정하였으며 일부 문구는 맞춤법에 따라 바꾸었다.

줄표(―)의 작은 글씨는 바로 앞 문장에 대한 추가 문제 제기 또는 설명이다.

(최종 수정 : 2009년 5월 20일 오후 5시 5분)

---

1   지난 이야기를 쓴다

왜 지난 이야기인가?

·   회고록은 한참 후에 쓰려고 했다.

·   아직 인생을 정리하기에는 너무 이르고, 아직 하고 싶은 일이 많이 남아 있었다. 봉하마을 가꾸기, 시민광장, 정책 연구…….

·   그래서 '우공이산'을 표구하여 붙여 놓고 이런저런 일을 시작했다.

·   그런데 여러 가지 장애가 생겼다. 일이 돌아가지 않는다.

·   마침내 피의자가 되었다. 이제는 일도 할 수가 없게 되었다.

·   이제 할 수 있는 일은 지난 이야기를 쓰는 일뿐인 것 같다.

·   왜 써야 할까? 할 수 있는 일이 이것뿐이다. 일은 삶 그 자체이다.

실패한 이야기를 쓰려고 한다

- 성공도 있었고 실패도 있었다. 그런데 지금 나를 지배하고 있는 것은 성공과 영광의 기억이 아니라 실패와 좌절의 기억들이다.

- 성공한 대통령이 되라는 덕담들, 그리고 혼란스러운 생각들, 무엇이 성공한 대통령일까? 인기가 높은 대통령? 역사에 이름을 남긴 대통령? 직무를 잘 수행한 대통령? 자기가 이루고자 하는 소망을 이룬 대통령?

  — 인기 높은 대통령? 사랑받는 대통령

  — 지금 생각해 봐도 판단이 서지 않는다. 링컨, 루스벨트, 대처와 레이건에 대한 평가는? 토니 블레어는 93%의 지지를 받았으나 물러날 때는 23%에 지나지 않았다.

- 얼마 후에는 덕담이 바뀌었다. '역사는 알아줄 것입니다.' 역사의 평가는 누가 하는 것일까? 무엇을 가지고 평가할 것인가? 별로 유리하지 않을 것 같다.

- 대통령 임기 내내 나는 경제 파탄, 민생 파탄, 총체적 파탄, 잃어버린 10년, 이런 평가를 하는 사람들과 싸웠다.

- 말년이 되면서 나는 정치적 좌절을 이야기했다.

  — 정치를 하면서 이루고자 했던 나의 목표는 분명히 좌절이었다.

- 시민으로 성공하여 만회하고 싶었다. 그런데 이제 부끄러운 사람이 되고 말았다.

- 이제 나는 인생에서 세속의 성공과 실패를 넘어서는 무엇, 분별을 넘어서는 깨달음이라도 구하고 싶다. 그보다 마음을

닦아서 이 마음의 고통을 극복해 나가야 할 처지이다. 그러나 그동안 배운 것이 없다. 지금은 할 수 있는 일이 실패 이야기를 쓰는 것이 맞는 것 같다.

나의 실패가 여러분의 실패는 아니다

· 나의 실패를 진보의 좌절, 민주주의의 좌절이라고 말하고 싶은 사람들이 있는 것 같다. 그런 사고는 역사의 발전에 도움이 되지 않는다.

· 사회과학도 과학이라면 인과관계를 과학적으로 따져야 할 것이다. 또 하나의 영웅 사관은 넘어서야 한다. 여러분은 여러분의 갈 길을 가야 한다. 몽땅 덮어씌우려는 태도도 옳은 것은 아니지만 노무현을 과감하게 버리지 못하는 것도 극복해야 할 자세이다. 여러분은 여러분의 할 일이 있고, 역사는 자기의 길이 있다.

· 또 정치의 성패가 도덕성 하나에 의지하는 것은 아니다. 도덕성이 중요하다. 그러나 그 하나에 매달려서 스스로를 옭아매는 것은 민주주의의 미래를 위해서 도움이 되지 않는다. 민주주의는 탐욕으로 탐욕을 제어하는 시스템이다.

실패한 이야기가 거름이 되기를 바란다

· 실패는 당하는 사람에게는 뼈아픈 고통이다. 그것도 회복이 가능하지 않은 실패인 경우에는 죽음과 다름이 없는 고통이다. 그러나 다른 사람의 실패 이야기는 약이 될 수도 있을 것이다. 그래서 타산지석이라는 말이 생겼을 것이다.

- "실패는 낙담을 낳을 수 있다. 그러나 실패는 우리를 더욱 강하고, 유연하며, 현명하게 만들어 주기도 한다."(『유러피안 드림』, 제러미 리프킨, 496쪽)
- 정부 혁신 하면서 실패 사례 연구를 했다. 그때 실패 사례를 모은 책을 읽었던 기억이 있다.

미처 대답하지 못했던 이야기

- 퇴임 후 생가 마당에서, '아이들에게 한마디'
- 무슨 말을 할까? 말할 자격이 있는 것일까? 과연 나는 성공한 삶을 살았던 것일까?
- 성공이란 무엇인가? 각자에게 성공의 길이 따로 있다. 그러나 누구도 부인하기 어려운 공통의 기준이 있다. 그리고 모두가 성공하기 위한 사회적 조건이 있다. 국가는 무엇을 해야 하는가?
- 어물어물 아이들에게 해 주었던 이야기, 훌륭한 사람이란? 남에게 도움이 되는 사람, 여러분은 하고 싶은 일을 하고 사는 세상을 살 수 있을 것이다.
- 지금 내가 하는 이야기가 미처 대답하지 못했던 질문에 대한 답변이 되기를 바란다.

사죄의 글로 쓰려고 한다

- 노공이산이라는 필명을 내린 이야기, 무사봉공 이야기, 우공이산 이야기, 담쟁이 이야기
- 액자를 내립니다.

- 과오는 과오입니다. 나도 변명하고 싶습니다. 그러나 그럴수는 없습니다. 과오는 과오로 인정해야 합니다.

- 권력의 사유화는 권력의 속성이고 이를 막는 것은 정치의 근본 과제입니다. 수신제가라는 말에 대해서는, 왜곡을 피해야 할 것이지만, 받아들일 것은 받아들여야 합니다. 그러므로 주변 관리는 정치인의 책임입니다. 그리고 털어도 먼지 안 나게 살아야지요. 개인적 문제가 아니라 시민이 당당한 사회가 되기 위해서 그래야 하는 것입니다.

- 사법 절차의 결정을 운명으로 받아들일 준비를 하고 있습니다.

- 자책골을 넣은 사람에 대한 처분은 여러분이 할 것입니다. 평가는 냉정해야 할 것이지만, 너그럽게 용서하고 따뜻하게 포용해 주시기를 바랍니다. 그러나 민주주의와 역사의 진보에 부담이 되지 않았으면 좋겠습니다.

- 정치의 전선에 다시 서는 일은 없을 것입니다. 하려고 해도 할 수가 없을 것입니다.

- 부끄러운 시민으로 사죄하고 참회하는 마음으로 살아갈 것입니다.

- 살아온 경험으로 도움이 될 일이 있으면 좋겠습니다. 제 생각으로는, 그동안 제가 살아온 경험을 통하여 정치가 이루어지는 이치에 관해 시민들이 알면 좋을 이야기를 하는 것이 의미가 있을 것 같습니다. 다만, 무슨 거창한 주장이나 논리가 아니라 지난 이야기로 하는 것입니다.

무엇이 되고자, 무엇을 하고자?

· 구별이 되는 일일까? 대통령이 되고 나면 대통령의 일을 하게 되어 있다.

대통령의 과제는 무엇일까?

· 국정의 최고 책임자이다. 국가는 무엇을 해야 하는가?

· 국방과 외교, 질서, 민생, 정부의 관리와 개혁, 위기관리, 국민 통합, 민주주의와 정치 개혁

    — 일상적인 과업일 것이다.

· 그 시대의 역사적 과제

    — 지체된 역사의 과제는 무엇인가? 미래는 어디로 가고 있는가? 우리는 어디로 가야 하는가? 어떻게 가야 하는가?

    — 비전과 전략

· 정치적 성공

    — 직분이라 할 수는 없는 것이지만, 직분을 수행하는 데 필수적인 요건이다.

역사적 과제는 무엇이었을까?

· 우리는 역사적 과제를 무엇이라고 생각했는가?

· 선거공약에 시대적 과제가 표현된다. 공약은 후보 개인이 일방적으로 만드는 것이 아니라 시민과의 소통을 통하여 만들어진다. 그러나 모든 공약이 시대적 과제를 담고 있는 것

은 아니다. 선거공약은 평면적으로 보면 만물상이다. 이익 집단에 대한 분야별 공약이 있고, 시민 모두에게 공통되는 보편적이고 포괄적인 공약이 있다. 포괄적인 공약 중에서도 선거 캠페인 과정에서 핵심이 된 공약과 캠페인이 시대적 과제를 담고 있다고 보면 될 것이다.

· 기억을 되살려 보자.

· 후보가 가장 힘주어 말한 공약은 무엇이었을까? 지지자들과 합창한 구호, 국민들이 공감한 구호는 무엇이었을까?

후보 시절의 약속은 무엇이었을까?

· 후보 시절의 연설, 대담, 회견 등의 자료를 보면, 이 안에 들어 있는 내용과 정서를 이해할 수 있을 것이다. 항목별로 해당되는 자료를 찾아서 올려 보자.

· 명시적으로 공약하지 않은 공약이 있었다.

   — 시민들과 정서적 공감대가 이루어진 묵시적인 약속이 있었다. 서민, 고졸, 입지전적 인물, 일관된 소신의 길, 손해 보는 길, 바보 노무현

   — 이런 것들은 명시되지 않았으나 시민들은 계약 이상의 무게로 받아들였다. 그 정신을 버리지 말라는 것이었다.

참여정부의 비전과 전략

   — 인수위가 선정한 국정 목표와 원리, 국정 과제를 보자. 후보 시절의 공약이 여기에 정리되어 있을 것이다.

· 국정 목표

- 　　　　— 국민과 함께하는 민주주의, 더불어 사는 균형 발전 사회,
  　　　　평화와 번영의 동북아 시대
- 　　　　— 경제 발전 공약이 빠졌다는 지적이 있었다. 우리는
  　　　　너무 당연한 것이어서 시대적 과제가 될 일이 아니라는
  　　　　생각이었다. 오해에 많이 시달렸다.

- 국정 원리
  - 　　　— 원칙과 신뢰, 투명과 공정, 대화와 타협, 분권과 자율, 이것은
    　　　내가 만들자고 하여 만든 것이다.
  - 　　　— 나는 이것을 국가 발전의 전략으로 생각한 것이다. 기본을
    　　　바로 하자, 나는 이것이 전략이라고 생각했던 것이다.

- 그리고 12가지의 국정 과제를 설정했다. 이것은 그 후 다소의 가감이 있었다.

- 빠진 것이 있었다. 국민 통합이다. 경선 때 핵심 의제였는데, 그 후 본선에 와서는 호응이 떨어졌다. 대신 먹고사는 이야기가 앞으로 나왔다. 그러나 나에게는 이것이 최고의 과제였다. 대화와 타협, 균형 사회라는 것은 그 자체로 중요한 가치이자 전략이지만, 나는 국민 통합의 전략에 큰 비중을 두고 있었다.

무엇을 했는가?

- 　　　　— 이런 장을 두는 것이 좋을까? 생략할까?
- 민주주의와 정치발전, 국민 통합, 지역 구도 극복
- 균형 발전
- 동북아 평화와 번영

- 민생과 경제
- 제도 개혁…….

3   대통령 이야기 — 참여정부의 노선은 무엇이었는가?

— 노선이란 용어?

노선

— 가치 지향?

- 민주 대 반민주의 시절이 있었다. 다음에는 개혁과 수구가 있었다. 나중에는 보수주의도 개혁을 주장하게 되었다.
- 개혁이 아니라 노선이 전선의 핵심 주제이다.
- 친북 좌파 정권
- 신자유주의 정권
- 좌파 신자유주의 해프닝

제3의 길

- 1990년대 세계의 흐름
    - 클린턴의 개혁, 토니 블레어, 그리고 유럽 진보주의의 대세? 내용은 무엇인가? 성격을 규정한다면 무엇이라 이름을 붙여야 할 것인가?
    - 중도적 성격, 실용적 성격
    - 중도 진보? 실용적 진보?
- 한국의 제3의 길

- 클린턴과 진보정책연구소, 로버트 라이시의 노동 전략,
  클린턴과 토니 블레어의 바람은 대처 못지않은 바람이었다.
- 그리고 책들. 기든스의 책과 『영국 개혁 이렇게 한다』,
  아태연구소의 번역
  생산적 복지, 참여 복지, 비전 2030
- 비전 2030은 국민에게 인사도 못하고 보수화의 바람에
  묻혀 버렸다. 진보 언론도 적극적으로 소개하려고 하지
  않았다.

비전 2030

- 논리와 구조, 내용의 소개
  - 목표는 2020까지 극우의 나라에서 보수의 나라로
    2030까지 중도 진보의 나라로 가자는 것.
  - 국민에게 제대로 전달도 되지 않았을 것이다.

제3의 길은 어떻게 등장한 것일까?

- 보수의 시대
  - 대처리즘, 레이거노믹스
  - 복지에 대한 공격, 노동조합에 대한 공격, 방만한 정부라는
    공격, 신자유주의의 득세
  - 보수주의가 득세한 이유는 무엇일까?
  - 진보주의의 한계와 오류? 상황의 변화? 무능력? 세계화와
    기술혁신으로 인한 경제와 사회의 변화
- 한국의 신자유주의

— 도입인가? 침투인가? 대처리즘, 1990년대 초 혁신의 바람, 김영삼의 세계화와 개방

— WTO, 외환 위기와 강요된 신자유주의

— 노동의 유연화, 개방, 규제 완화, 민영화, 작은 정부, 적극적 개방 전략과 자유무역

---

4   대통령 이야기 — 왜 실패했을까?

절반의 미완성, 그리고 사상누각?

· 무엇을 얼마나 했을까? 절반의 성공도 하지 못했다. 시작한 것도 거의 미완성이다. 그래서 절반의 성공도 못 되는 절반의 미완성이다.

— 대표적인 큼직하고 중요한 사례들을 모아 보자.

— 백서의 항목들을 보면 찾을 수 있을 것이다.

— 오히려 밀린 것도 있다. 감세 정책이 그것이다. 그나마 무너지고 있다.

— 무너지는 것들은 어떤 것들인가? 구체적으로 적시할 것인가? 뭉뚱그려 이야기할 것인가? 한두 가지 사례를 드는 것이 좋을까? 부동산은 비틀거리며 겨우 밀고 갔다. 이제 다 무너지고 있다.

비판들을 모아 보자

· 경제 파탄, 민생 파탄, 잃어버린 10년

- 그들의 이야기에 대한 반론은 생략하자.
- 지지자를 배반한 죄, 정치력, 개혁을 못한 죄? 정권 재창출을 못한 죄, 진보를 망친 죄
- 왜 실패한 것일까?
  - 환경적 요인과 노무현의 오류를 말할 수 있을 것이다.

노무현의 오류

- 정치력
  - 당정 분리, 독선과 아집, 무리한 의제들, 그런 점이 있을 것이다.
- 감히 언론에 맞서다니
  - 유착의 고리를 끊자는 것이었다.
  - 취재 선진화, 언론의 흔들기와 관료의 무력화
  - 이 유착을 끊고 관료를 언론으로부터 해방시키려는 것
- 게다가 지지자를 화나게 했다. 지지 세력에 대한 배반
  - 이라크 파병, 대연정, FTA 등을 이야기한다. 과연 그런 것일까? 열린우리당의 지지층은 누구인가?
- 인기 없는 대통령이 인기 없는 정책을 밀어붙였다.
  - 말씨와 품위, 언론과의 싸움, 감성적 접근, 국민들을 피곤하게 한 대통령
  - 인심을 잃었다고 한다.
- 사람들의 관심이 달라진 것도 있을 것이다. 해결이 되고 나니 관심을 꺼 버렸다. 민주주의 의제들이 그것이다. 그리고 처음부터 관심이 달랐던 것도 있다. 자주국방, 균형 외교, 역

사의 정리 등에 관한 것들이다.

환경적 요인을 말할 수 있을 것이다

　　— 가장 중요한 것은 시류를 거역한 것 아닐까? 보수의
　　　나라에서 보수 언론에 맞서서 국민은 관심을 보이지 않는
　　　일을 억지로 밀어붙인 결과일 것이다. 더욱이 누구에게도
　　　익숙하지 않은 일들이 많았다. 어떤 정책에 대해서는
　　　공무원들이 말귀를 알아듣는 데 한참이 걸렸다. 시행하는
　　　아이디어를 내놓는 데는 더 많은 시간이 걸린다. 운도 좋지
　　　않았다.

· 취약한 권력 기반

　　— 구조적인 한계를 이야기할 수도 있을 것이다.

　　— 대통령 권능의 한계, 주어진 시간, 세력의 부족

　　— 국회의 의석, 언론의 역풍, 소수파

· 적대적 정치 문화

　　— 미국의 보수주의, 한국의 보수주의의 유사한 정치 분위기

　　—『노무현과 클린튼의 탄핵 정치학』에 잘 나와 있다. 미국과
　　　다른 점

　　— 극단적인 이념 대결의 역사, 좌우의 대립

　　— 중도는 설 땅이 없다. 대화와 타협이 안 되는 나라

　　— 크로스보팅이 없고, 연정이 없는 나라

무리한 욕심/정치를 바꾸자

· 정치적 성공이 아니라 정치 자체를 바꾸는 것이었다. 정치

문화, 권력 문화를 바꾸자는 것이었다.

- 국민 통합, 대화와 타협의 정치, 세력균형
- 동거 정부를 생각한 죄, 연정, 지역 구도 극복하려고 한 것, 그것은 대통령이 할 수 있는 일이 아니었다. 무리한 욕심을 부린 것이다.

- 왜 무리한 일을 했을까?
  - 사람들에게 보내는 메시지로 의미가 있었다? 그라쿠스 형제의 실패한 개혁?
- 대통령이 되려고 한 것이 가장 큰 오류
  - 개인적으로 준비되지 않은 사람이, 준비된 조직적 세력도 없이 정권을 잡았고, 우리 사회가 미처 받아들일 준비가 안 된 개혁을 하려고 한 것이 무리였을 것이다.
  숙제를 남기지 않은 것을 다행으로 생각하자.
  - 넘겨받은 숙제, 내가 남긴 숙제

비판자들에게 묻고 싶은 이야기

- 민심인가? 역사적 과제인가?
- 당신들은 무엇을 했는가?

대통령에 대한 오해

- 대통령은 왕이 아니다.
- 대통령이라고 다 아는 것도 아니다.
  - 해답을 찾는 문제들, 그리고 국익, 실용 등의 문제들, 정책의 효과

- 대통령은 무엇이나 할 수 있는가?
  - 대통령의 권력이 너무 크다는 사람이 있다. 강력하게
    하라는 사람도 있다. 권력은 분산되어 있고 대통령은
    제도에 묶여 있다.
- 대통령이 할 수 없는 일들
  - 국회, 야당, 여당, 언론, 이익집단, 시민사회, 민심, 권력기관,
    관료 조직, 국제 관계
- 레임덕이 오는 과정
  - 야당과 언론, 시민 단체, 여론조사, 보궐선거, 여당의 이반,
    관료의 이반과 무력화
- 모순된 지위
  - 권력투쟁의 당사자
  - 통합의 수임자, 전체의 대변자
- 모순된 관념
  - 낙하산 인사, 코드 인사? 포용 인사, 균형 인사
  - 변론을 하고 싶었으나 그럴 기회가 없었다.
- 레임덕을 어떻게 할 것인가?
  - 5년은 짧다. 레임덕이 있다. 사회적 일자리 발굴, 비티엘
    사업 발굴, 비정규직 전환 대상 일자리 발굴, 정부 혁신
  - 모두가 기획에만 수년씩 걸리는 일들이다.
- 오바마의 개혁을 연구해 보자. 그는 비상대권을 가지고 있
  다. 개혁은 6개월 안에 하라?
- 정권의 주체는 정당이다.
- 권력의 주체는 누구인가?

성공한 역사는 있고, 성공한 대통령은 없다?

- 성공한 역사인가?
    - 한국은 성공한 나라이다.
- 성공한 대통령은 누구일까?
- 역사의 평가는 쓰는 자의 것이다?
- 평가와 재평가
    - 정도전과 정몽주, 광해군, 최명길과 김상헌, 척화론과
      주화론
- 다양한 관점의 평가
    - 성공과 실패의 이분법적인 평가가 어렵다.
    - 진시황
- 역사란 무엇인가?
    - 쓰는 사람의 역사의식
    - 이만열, 『역사의 중심은 나다』
- 역사의 발전이란?
- 역사의 평가를 기대할 만한 역사적 사건은 있었는가? 무엇
  일까?
- 기록된 것만 역사가 된다?
    - 미디어 자료와 기록관
- 역사의 가정?
    - 대원군이 다른 선택을 하였다면? 신탁통치를
      받아들였다면? 김구 선생이 단정에 참여했더라면? 박정희
      대통령이 아니었더라면 우리 경제는 어떻게 되었을까?
      김대중 후보가 김영삼 후보와 손을 잡았더라면?

대통령 하지 마라

· 대통령이 되려고 한 것이 오류였던 것 같다.

· 부러운 친구들, 인간으로서 실패의 길이 아닐까?

· 너무 많은 금기들

　　　― 연극, 골프

· 퇴임 후의 상황

　　　― 잘못된 설정, 퇴임 후 문화에 대한 오해, 애프터서비스, 퇴임

　　　후 사업이 불가능한 사회

· 위험한 직업

　　　― 권력의 속성

　　　― 쑥밭이 되고 말았다.

· 대통령 없어도 된다.

　　　― 역사는 대통령이 움직이는 것이 아니다. 정권은 정당에

　　　있고, 권력은 시민에게 있다.

· 권력 수단이 중요하다.

　　　― 돈, 언론이 중요하다.

5　정치적 소망과 좌절

투사가 되어

· 시작은 모욕감, 자존심, 부끄러움과 분노, 이런 것이 동기였다.

· 아이들은 어떻게 해야 하나?

　　　― 아이들의 운명이 걸린 문제

- 착하게 산다는 것
  - 깊이 들어가 보니 나만 착하게 산다고 되는 일이 아니었다.

    간접적으로 나쁜 일을 바로잡는 일
- 세상을 바꾸어야
- 투사 정치인
  - 편파적 정치인, 분노하는 정치인

정치를 바꾸자

- 3당합당과 정치적 목표
- 지역 구도를 넘자.
  - 선거는 계약이다. 정책으로 하는 계약
- 지역 구도와의 싸움
  - 통합의 정치
- 성숙한 민주주의
  - 투쟁의 시대에서 대화와 타협의 민주주의로

왜 좌절했는가?

- 무리한 목표
  - 정치적 성공이 아니라 정치 자체와 싸움을 벌인 것이다.
- 정치에 대한 무지와 오해
  - 정치인도 주권자도 정치에 대하여 오해를 하고 있다. 이 오해가 풀리기 전에는 정치는 성공할 수 없을 것이다.

정치란 무엇인가?

- 정치가 왜 생겼을까?

  - 국가의 역할

- 왜 싸우는가?

  - 정치는 권력투쟁이다.

- 정치는 싸움이다.

  - 이것을 비난하고, 정치의 불신을 조장하는 것은 기득권의
    술수이다.

- 민주주의 권력투쟁

  - 정책, 선거, 대화, 타협

  - 패자 부활

  - 정치는 시끄러워야 한다.

정치가 결정한다? 권력은 정치에 있다?

- 권력은 유권자에게 있다? 유권자는 누가 움직이는가?

- 여론은 누가 움직이는가? 민심은 누가 움직이는가?

- 권력 수단이 중요하다.

  - 여론의 정치, 언론의 권력화, 언론과 돈, 언론 권력의
    무책임성과 신뢰의 붕괴

  - 시스템의 마비

  - 사회적 위기

민주주의의 미래

  - 세계화 이후의 민주주의

- 정치에 대한 불신
- 정치 영역의 쇠퇴

---

6 아직도 답을 찾고 있는 과제들

- 대통령 취임 전부터 해답을 찾으려고 노력했으나 답을 찾지 못한 이야기들
- 인류의 미래는 지속 가능할 것인가? 전쟁, 기아와 질병, 환경의 파괴, 자원의 고갈, 인간의 도덕적 역량은 스스로의 파멸을 막을 만큼 현명한 것일까?

  — 일국적 대응으로 해결하기가 곤란한 문제들이다.
- 당면한 과제

  — 양극화와 빈곤의 문제
- 일자리가 줄어든다.

  — 세계화, 기술혁신

  — 고용 없는 성장
- 일자리는 어디에 있는가?

  — 중소기업, 서비스 산업, 새로운 산업

  — 신성장 동력, 녹색 경제, 수소 경제, 스마트 그리드, 똑똑한 지구, 사회적 일자리

  — 핀란드의 신성장 동력, 사회적 기업, 근로시간 단축에 관하여

  — 중소기업의 구인난

- 금융 경제, 도박 경제의 결과는 어떻게 될 것인가? 금융허브 전략은 오류인가?

- 세계경제는 어디로 갈 것인가? 재임 중에 답을 얻지 못한 숙제

  ─ 미국은 쌍둥이 적자를 안고 언제까지 버틸 것인가? 일본은 그 많은 채무를 안고 언제까지 버틸 것인가? 미국과 일본은 국민 부담은 28인데, 지출은 36~37이다. 그 차이는 무엇으로 메우는가?

- 사회의 양극화, 사회의 분열과 붕괴, 민주주의의 위기

- 글로벌 거버넌스는 가능할 것인가? 세계화 시대의 민족국가와 세계적 문제들, 글로벌 거버넌스는 어떻게 될 것인가? 새로운 세계 체제는 가능한 것일까?

  ─ 냉전 체제 붕괴 이후의 민주주의

  ─ 초강대국 체제, 미국의 일방주의는 어떻게 극복할 것인가? 어떤 체제로 가야 하는가?

  ─ 유러피언 드림, 어디로 가게 될 것인가? 울리히 벡, 자크 아탈리의 예언을 보면 혼란스럽다.

- 민주주의는 성공할 것인가?

  ─ 민주주의는 인간의 존엄과 가치, 자유와 평등의 권리를 위하여 지배 질서에 도전해 온 과정이다. 이 목표는 성취하였는가? 신분제는 해체되었다. 그러나 신분의 자리에 돈이 들어앉았다. 돈의 지배가 시작된 것이다. 이 문제를 해결하기 위해 많은 시도들이 있었다.

  ─ 사회주의의 대두와 체제 경쟁, 68운동과 인권, 환경, 여성 등 사회적 의제의 다양화, 위험 사회와 진보에 대한 믿음에

대한 회의, 슈퍼 자본주의와 국가의 위축, 정치에 대한
불신의 증대, 미디어 정치와 대의제의 위기

— 국가와 정치는 제대로 기능할 것인가? 시민의 안전, 자유와
평등은 누가 어떻게 보장할 것인가? 시민은 주권 행사를
제대로 할 수 있게 될 것인가?

· 새로운 대안은 무엇인가? 국가인가? 시민사회인가?

— 인권, 노동, 환경, 지속 가능한 사회

— 기업의 사회적 책임으로 가자? 공통적인 견해는 국가가
아니라 시민사회 운동이다.

· 발상의 전환

— 생태적인 삶, 축소재생산

---

7 정치하지 마라

빚이 많은 사람

— 혼자서는 아무것도 할 수 없는 직업

— 후원하는 사람, 봉사하는 사람, 표를 준 사람, 용을 써 준
사람, 분신한 사람, 목숨을 잃은 사람

대책 없는 사람

· 생활비 확보 방법을 설명할 수 없는 사람들, 그래도 품위와
모양을 갖추어야 하는 사람들, 노후 대책이 없는 사람들, 친
구도 고향도 다 잃어버린 사람들

유혹에 빠지기 쉬운 직업

· 거짓말 안 하고 살 수 없는 사람

싸움이 직업인 사람

· 적이 많은 직업, 욕먹는 직업, 상처가 많은 사람

정치와 돈 이야기

· 정치와 돈의 이야기

— 폴 크루그먼, 로버트 라이시, 『치팅 컬처』

· 한국의 정치와 돈

· 세금을 얼마나 냈는가?

· 부자 정치인? 부자가 정치를 하면?

정치인의 도덕성 이야기

· 정치인에게 도덕성은 왜 필요한가? 필요한 도덕성은 무엇
  일까?

· 잠롱 이야기, 만델슨 이야기, 무사봉공

— 공과 사, 공과 사를 구분하는 판단력, 주변을 관리할 능력이
  필요하다. 정치인의 가장 중요한 덕목 이야기

— 역사의식

· 민주주의?

— 마키아벨리와 시오노 나나미는 결과주의를 주장한다.

돈을 벌어라

'사람 사는 세상'은 어찌할 것인가?

- 이 구호를 사용하게 된 내력
- 이 구호의 현재적인 의미
  - 사람답게 대우를 받는, 사람 노릇을 하는, 그러자면 사람이 돈과 시장의 주인 노릇을 하는, 그런 세상을 말하는 것이다.
- 역사의 진보란 무엇인가?

---

8   시민 주권 이야기

시민이 주인이 되는 세상

- 시민운동도 땀이 필요한 일이다. 용기가 필요한 일이다. 희생이 따르는 일이다. 바칠 만한 가치가 있는 일일까?
- 역사의 진보를 믿는가? 진보의 가치를 믿는가?
- 역사는 어떻게 진보하는가?
  - 영웅인가? 인민인가? 우연인가?
- 시민은 누구인가?
  - 개인, 군중, 다중, 민중, 시민
- 시민은 승리할 수 있을 것인가?

시민이 승리하기 위한 조건

- 제도와 정책이 중요하다.

- 정치, 민주주의, 그리고 역사를 알아야 한다.
- 학습하고 조직하고 행동해야 한다.
- 촛불은 무엇인가? 6월항쟁, 노사모와는 무엇이 다른가?
- 동학농민항쟁과 프랑스혁명은 무엇이 달랐을까?
- 진보의 시대는 왜 무너졌는가?
  - 진보의 시대는 어떤 장애와 부작용이 있었는가? 왜 극복하지 못했는가?
- 68운동은 어떤 영향을 미쳤는가?

부자 시민이 되면 좋을 것

---

9 인생이란 무엇인가?

성공이란 무엇인가?

- 어릴 적 소망
  - 성공하는 것, 큰사람, 훌륭한 사람

인생이란 무엇인가?

- 공부를 막 시작할 즈음에 인생이 무엇인지 알고 싶었다. 그러나 먹고사는 일이 급해서 덮었다. 『코스모스』, 『거의 모든 것의 역사』, 『왜 다윈이 중요한가?』, 『유전자 전쟁』
- 인간은 어떻게 살아야 하는가?

먹고산다는 것의 엄숙함, 거역할 수 없는 섭리

공존의 지혜와 역사의 진보

수양과 수련

  — 사람들이 책을 보내 준다.

  — 성경, 불경, 수련법에 관한 책들

(중단)

살기 위한 몸부림으로

이 대목은 바로 앞에 소개된 '성공과 좌절'이라는 책을 집필하기 위해 그 요지를 참모들에게 구술한 내용이다. 여기에는 '성공과 좌절'을 집필하기로 결정한 심경과, 그 줄거리가 들어 있다.(2009년 4월 3일, 사저 회의실)

나는 정치적 소망이 성취된 게 없는 사람

성공은 무엇이고 출세는 무엇이고 훌륭한 사람은 무엇인가? 매 시기 성장 과정이나 상황에 따라 그에 대한 판단이나 선택이 달라진다. 그 과정에서 정치인으로서 선택을 하고 이루고자 했던 것이 결국 다음 장으로 넘어간다. 정치를 시작할 때는 노동자들의 친구가 되는 것이었다. 그들의 대변자가 되는 것이었다.

1990년대부터 민주주의를 이야기했다. 그 당시 민주주의를 김대중 대통령은 계약이라고 했고, 나는 구도라고 했다. 여러 논리들이 옥신각신했다. 기본적인 경쟁 구도의 복원을 위해 노력해 오는 동안 민주주의의 본질에 대한 천착들이 있었다. 사실 진보와 보수는 부차적인 것이었다. 내 정치에 있어서 진보·보수는 비교적 부차적인 것이었다. 그 시기 사회적 쟁점에 따라 입장을 정리하면 그것이 사람들에게 전달되는 게 가장 중요했다. 그렇게 많은 공약을 하지만, 일부는 흘러갔고 다 떠내려갔다. 결국 내가 중요하다고 생각했던 구도의 문제는 한발도 못 나갔다.

나는 정치적 소망이 성취된 게 없는 사람이다. 대통령을 하는 내내 좌절을 이야기하는 사람이 된 것이다. 성공은 무엇이고, 실패는 무엇인가? 어린 시절 머릿속에 오락가락했던 몇 가지 성공 이야기가 있었다. 훌륭한 사람이 머릿속에 있었다. 그런데 지금 와서 보면 전형적으로 출세한 사람의 모습을 당시에는 훌륭한 사람으로 생각하고 있었다. 당연히 그 사람들은 남들한테 도움이 되는 슈바이처 같은 사람이었다. 출세하는 사람이 성공한 사람이고, 그 사람이 당연히 훌륭한 사람이라는 등식을 가지고 있었다. 그런데 실제로 집중적인 관심사는 먹고사는 것이었다.

당시 내 삶을 지배했던 모든 선택의 시기에는, 항상 훌륭한 사람이 머릿속에 있었고 그 훌륭한 사람은 출세한 사람의 모습과 똑같은 것이었다. 그러나 나의 구체적 선택은 모두 먹고사는 데로 초점이 맞춰져 있었다. 그리고 먹고사는 문제는 성공했다. 먹고사는 문제에서 가장 큰 것이 탈출이었다. 로버트 라이시의 책, 『슈퍼 자본주의』에도 '탈퇴'라는 것이 나온다. 성공한 사람들이 그 사회로부터 탈퇴해 가는 과정에 대해 써 놓은 것이다. 고등학교를 졸업할 때까지 끈질기게 추구했던, 먹고사는 문제는 탈출이었다.

'좌절'을 이야기하지 않을 수 없었던 대통령

먹고사는 데 성공하기는 했지만 그에 대한 비판적 반성이 싹트기 시작했다. 우리 사회의 현실 때문이기도 하고, 또 스스로 획득한 삶의 사회적 지위가 갖는 한계 같은 것 때문이 아니었을까? '괴리' 같은 것이다. 성공이라는 것이 어느 날 '탈출'이라는 개념으로 이해되기 시작하면서 삶에 대한 생각이 바뀌고, 거기에 외부적 환경, 그리고 사람들의 자극이 결합되면서부터였다. 당시에는 미래에 대한 뚜렷한 계획이나 정의로운 사회에 대한 구체적인 상이 있었다기보다는 분노, 불의, 정의, 지식인의 자존심 나아가 우리 아이들이 부닥칠 내일의 현실 등이 나를 이끌었다. 그리고 노동자의, 노동자를 위한 친구 쪽으로 길을 갔고 정치에 들어온 이후에도 여전히 그 방향에 머물러 있다가 1990년에 3당합당이 되면서 목표가 바뀌었다.

그때부터는 그 구도를 어떻게 극복하느냐가 핵심 과제가 되었다. 또 당에서 책임 있는 역할을 하게 되면서부터 우리 사회의 올바른 구조 쪽으로 자연스럽게 관심을 갖게 되었다. 사고의 구조가 분노와 저항의 구조에서 책임의 구조로 점차 바뀌어 간 것이다.

어릴 때 생각했던 기준으로 보면 성공했다고 할 수 있다. 사저 앞을 찾는 사람들이 아이들에게 한마디 해 달라는 것도 그렇게 봤기 때문이다.

대통령을 할 때는 일반적으로 대통령이라는 자리가 한계가 있다는 수준의 이야기가 아니라 '좌절'을 이야기하지 않을 수 없었다. 내가 추구했던 것이 선거구제 문제, 공동 정부의 문제 등인데, 사람들이 도저히 이해할 수 없는 정치 행위를 하는 것이다.

자신의 소망에 대한 나름의 충성이다. 자신에 대한 충성이다. 그것은 왕, 즉 국민은 관심이 없는데 오로지 신하가 자기 신

넘을 가지고 하는 불충인데, 거기에 좌절이 있는 것이다.

방심과 부주의가 사람들의 믿음과 희망에 큰 상처를 입혔다

사람들이 바라보는, 퇴임한 지금의 노무현은 전혀 다른 사람이다. 나는 이 문제가 굉장히 큰 고민이다. 지금 부닥쳐 있는 문제다. 사실 나는 초선 국회의원을 지내고 난 이후로 '깨끗한 정치'라는 말을 한 번도 입에 올린 일이 없다. 언젠가 자전거 타고 국회 등원하는 선배 의원을 비판한 적이 있었다. 환상을 심지 말라는 것이었다.

그 후 '깨끗한 정치'를 선언할 때에도 나는 '정치와 돈은 떼려야 뗄 수 없는 것'으로 생각하고 있었다. 정도의 문제일 뿐이지 뗄 수는 없는 것이라는 생각을 줄곧 하고 있었다. 그런데 지금 어쨌든 방심하고 부주의해서 사람들의 믿음과 희망에 큰 상처를 입혔다.

사람들의 그러한 희망과 꿈은 잘 이루어지기 어려울 것이라는 생각을 가지고 있다. 폴 크루그먼의 책을 보면 정치인들이 여전히 정치자금의 포로가 되어 있는 구조를 다 지적해 놓았다. 언젠가는 극복이 될지 모르지만…….

그러나 그것을 변명으로 삼을 수는 없다. 결국 내가 이루고자 한 것은 아무것도 이루지 못했고, 허망하게 노동자들은 노동자들대로 죽을 쑤고 있다. 이제 지역주의에 도전하는 사람은 아무도 없다. 일반적으로 우리가 흔히 말하는 보편적 민주주의의 분위기는 더 지켜봐야 알 것 같다. 그 속에서 '내가 진보를 이루어 냈다'라고 말할 여지는 없다.

결국 남은 것은, 어릴 때 생각했던 것처럼 먹고사는 데 걱정이 없는 사람, 또는 출세한 사람으로 성공한 셈이다. 핵심적 요소는 명성과 명망이다. 명망은 권세적인 요소가 있다. 그래서 유시민 장관도 썼지만, 보통 사람들은 정치인만 보면 욕을 하다가도 자기 동네에 무슨 혼사가 있으면 와서 축사를 해 달라고 한다. 정치인을 욕하지만 그런 측면의 명망은 그런대로 유지될지 모르겠다. 그러나 사람들이 바라는 영웅의 상에 이르기는커녕 오히려 추락하게 생겼으니 남은 게 아무것도 없다.

그래서 내 결론은 '정치하지 마라'

그래서 마지막으로 하는 이야기는, 내가 인간적으로 사람이 좀 모자라는 게 아닐까 하는 생각이다. 가만히 생각해 보면 내가 정치 지도자로서는 부족한 것 같다. 정치를 안 했으면 꽤 괜찮은 지식인으로 살았을 것 같은데. 그래서 내 결론이 '정치하지 마라!'이다. 이 이야기는 결론적으로, 사람이 다 자기가 빠져나갈 구멍을 만든다고 정치인들의 알리바이를 만드는 것인데, '정치인에게 너무 많은 기대를 걸지 마라, 정치인이 할 수 있는 것이 꼭 그것은 아니다'라는 것이다.

나중에 이 시대가 무슨 시대였는지 규정하게 될 것이다. 내가 이런 이야기를 하기는 좀 그렇지만, 결국 남는 것은 '역사 속에서 이 시대는 어떤 시대였는가?'이다. '그 정부가 한 일이 나라의 경제적·도덕적 기반이나 역사에 무엇을 얼마나 남겼고 다음 시대에 넘긴 것은 무엇이었으며 시대를 얼마나 역류했나?' 등과 같은 평가 말이다. 이야기의 시작은 '성공한 대통령'인데 그것은 틀렸고, '과연 성공한 인생은 되었는가?' 등으로 풀어 가면서 '성공이 뭐냐?' 이런 이야기를 해 나가면 어느 정도 철학적 사색이 들어 있는 수필감은 될 것이다.

그냥 이런저런 이야기를 하기보다 일관되게 한 사람의 삶을 성공과 실패라는 가치로 보는 것이다. 성공이란 소망한 바를 이루는 것이다. 꽤 주관적인 것이다. 한때 성공의 객관적 기준을 출세라고 말했지만 보통 이야기하는 성취나 성공이나 그게 그것이다. 그런 이야기들 속에서 이런저런 철학적 이야기들이나 수필적 요소들이 잘 정리되고, 그때그때 하나씩 당시 사건들을 넣을 수도 있다. 내 기억보다는 오히려 사건들에 대한 기록이 발굴되어 나와야 한다. 1991년도에 이쪽 후보를 구하기 위해 돌아다녔던 이야기, 이를테면 강기갑 의원을 찾아갔던 이야기 같은 것이다. 나는 가물가물하다. 옛날 꿈에 한 번 나왔던 것처럼.

'지도자냐? 시민이냐?' 하는데 정말 대답하기 어렵다. 김영삼 씨가 넘어가지 않고 이쪽에 버티고 있었다고 가정하면 이쪽 사람들의 의식 자체가 전혀 다를 수 있다. 그 사람이 어떤 생각을 가지고 이후에 정치를 했는지 모르지만, 다른 생각으로 다른 정치를 했다고 가정하면 정말 지금과는 달랐을 것이다. 김영삼 씨의 존재 자체가 역사가 되었을 것이다. 하나회 척결이나 금융실

명제 같은 것과는 차원이 다른, 업적의 수준을 넘어서는 역사다. 이런 이야기 속에 사실들을 넣을 수 있다. 꽤 재미있는 이야기가 되지 않겠는가? 하지만 그 이야기 또한 실패의 이야기이다.

성공과 실패라는 것은 상황에 따라 다르게 평가될 수 있는 것이다. 그래서 그 이야기를 담아 나가면서 '결국 성공이란 것은 명성을 유지해야 하는데 명성과 신뢰는 이제 거의 다 깎아 먹어 실패로 가는 것이 맞는 것 같으니, 앞으로도 그런 기대는 하지 마십시오'라고 말할 수밖에 없을 것 같다.

살기 위한 몸부림이다

가장 먼저 '정치하지 마라!'고 했다. 그 이유는 '성공 못할 짓을 왜 하려느냐?'는 것이다. 그다음에 돈, 친구! 보통 사람들이 생각하는 리더십 이런 것은 빼 버리고, 정치와 돈, 정치와 친구 이야기이다. 정치하는 사람 가운데 친구가 남은 사람 있는가 보자. 딱 쳐다보면서 "저 친구 돈 뜯으러 왔구나" 하는데…….

지난번에 써서 올린 것도 사실은 이런 글을 기획하는 기본 틀로서 올린 것이다. 노후에 친구도 없는 삶을 상상한다면 지금 글을 쓰고 궁리할 필요가 없다. 내가 글을 안 쓰고 궁리를 안 하면 자네들과 볼일이 없으니 노후가 얼마나 외로워지겠는가? 살기 위한 몸부림이다. 이 책이 성공하지 못하면 자네들과도 인연을 접을 수밖에 없다. 성공하지 못하는 일을 갖고 만나서 고스톱 칠 수도 없는 일이고. 이 일이 없으면 나를 찾아올 친구가 누가 있겠는가.

　우리 비서들과의 관계에서도, 이 일이든 봉하의 농사든, 성공해야 한다. 인생을 적나라하게 놓고 이야기하는 것, 지금은 이것이라도 시도해 볼 수 있는데 책이 나올지 안 나올지 모르겠다. 혹시 책이 안 되면 단편적인 글이라도 써야 하지 않겠는가! 글 한두 편, 그것으로 소일이라도 할 수 있다. 모든 사람들이 다 그럴지는 모르지만 정치하는 사람들은 보통 사람들의 삶에서 떨어져 나왔기 때문에, 특히 이름이나 난 사람들은 골치가 아프다. 그래서 정치하지 말라는 것이다. 물론 다른 방식으로 극복되어야 하는 문제지만, 그 몇 가지 아이템들을 이야기하면 어떻든 국가 사회에 큰 도움은 안 되더라도 재미있는 이야깃거리는 된다. '아, 맞아! 그럴 수 있겠구나.' 이 최후의 것은 자기변명이라도 되지 않겠는가.

스스로 입지를 해체하는 참담함으로

이 대목은 '사람 사는 세상' 홈페이지를 개편하기 위해 참모들과 회의를 하면서 구술한 내용이다. 이 가운데 앞의 '성공과 좌절'과 관련이 있는 부분을 추려서 모아 놓았다.(2009년 4월 22일 사저 회의실)

(전략)

영광과 성공이 아닌 좌절과 실패의 얘기를

어쨌든 내 이름으로 책(가제 『진보주의 연구』)을 낸다는 것이 이제는 의미가 없는 것이 아닌가 싶다. 이제 내 이름으로 내는 것은 전혀 다른 책이어야 한다. 인생사의 실패 이야기나 지난 이야기이다. 진짜 회고록이다. 옛날에 나는 회고록을 안 쓰겠다고 했는데 이제는 회고록을 써야 할 때가 아닌가 싶다. 그것도 영광과 성공의 얘기가 아니고 좌절과 실패의 얘기를, 시행착오와 좌절과 실패의 얘기를 써야 맞는 게 아닌가 싶다.

그게 무슨 의미인가? 사람이 일을 하고 글을 쓰는 것은 존재 방식 자체이다. 사람은 먹고살려고 먹이 활동을 하고 번식 활동을 하고 놀이도 한다. 그것은 모든 생명체의 존재 양식이다. 글을 쓰긴 써야 할 것이다. 그런데 이제는 지나온 삶의 얘기를 쓸 수밖에 없다. 정치 이야기도 아니고 경제 이야기도 아니고, 정책 이야기도 아니다.

(중략)

홈페이지가 갖는 의미가 뭘까? 홈페이지란 광장이다. 광장은 두 가지이다. 하나는 전통이고 또 하나는 권위, 신화 등의 상징성이 광장을 이루게 되는 것이다. 다만 거기에 있는 물건들이 귀해야 하고 다양한 볼거리가 있어야 한다. 장터이다. 귀한 물건이 나오고 다양한 물건이 나오는 장터라는 것이다. 어쨌든 정보, 지식, 논리의 장터이다.

후자는 아니다. 후자는 이미 기능이 안 된다. 내가 그것을 채워 보려고 생각을 하긴 했다. 상징성이 사라지기 전에 후자를 채워 나가려고 생각했는데 이제 장터의 진실성이나 도덕성이 무너져 버렸기 때문에 이 광장은 유지될 수가 없다. 유지하게 되면 그야말로 사람들의 보편적 감정과 정서에서 동떨어질 수밖에 없다. 여기 올라오는 글들은 그들만의 집회장이 되어 있는데 그 성격을 바꿔 줘야 한다.

나는 여기서 마지막으로 피의자의 권리라도 말하고 싶었다. 그런데 오는 손님들, 회원들은 피의자의 권리를 이야기하는 것이 아니고 정치적 대결 구도 속에서 나를 보호하고자 한다. 나는 이미 보호 받을 가치가 없는 사람이다. 그런 구도 속에서 버티어 낼 수 있는 사람이 아니다. 단지 피의자로서 얘기를 하고 싶었는데 그 이야기를 하기에 서로가 마땅하지 않다. 내가 피의자의 이야기를 하면 사람들은 정치적 대치 구도 속에서의 투쟁으로 생각한다. 그것은 사람들의 보편적 정서에 맞지 않다. 여러 사람들까지 우습게 만드는 셈이 된다.

(중략)

옛이야기나 할 수 있는 조그마한 마당을 여는 것

나는 진작 정치 이야기는 하지 않았고, 사건 중심으로 하고 있었는데 이제 사건 이야기도 그만하기로 하자. 이 홈페이지는 봉하마을 쌀농사 얘기를 하고, 나는 한쪽 귀퉁이에서 지나간 옛이야기나 실패한 사람의 담담한 회고를 전하는 수준으로 전체적 성격을 개편하면 어떨까? 하지만 그 또한 사람들이 일을 해야 하는데, 사람들이 신명이 날지 모르겠다.

　농사짓는 사람들과 의논해서, '사람 사는 세상'이 아니고 그냥 '봉하마을 이야기'로 하자. 이 홈페이지는 봉하마을 홈페이지로 농사짓는 이야기를 하고, 나는 한쪽 옆에 따로 세를 들어서 지난날의 자료 사이트나 유지해 가는 것이다. 봉하마을이 중심이 되고, 나는 옛이야기나 할 수 있는 조그마한 마당을 하나 여는 것으로, 전체적으로 재편을 했으면 좋겠다.

　(중략)

모든 권위와 신뢰를 하나하나 해체해 나가는 과정

전체적으로 큰 기조는 내가 결정하겠다. 좋은 의미의 환골탈태가 아니고 자신의 입지를 해체하는 작업이기 때문에 다른 사람이 할 수 없다. 그 참담한 일을 누가 감당할 수 있겠는가? 내가 아니면 아무도 할 수 없다. 모든 권위와 신뢰를 하나하나 해체해 나가는 과정인데, 누가 그 작업을 할 수 있겠는가?

나를 믿고 이곳에 와서 마을 사람들과 함께 새로운 일을 도모해 나가는 사람들의 이야기로 주인공을 바꿔야 한다. 소설의 주인공을 바꾸자는 것이다. 그럴 때가 된 것 같다. 진작 그쪽으로 갔어야 하는 것이다. 내가 가지고 있던 욕심이 너무 많았던 것이다. 봉하마을 이야기도 하고 싶었고, 시민 이야기도 하고 싶었고, 그동안 이루고자 했던 것에 대해서도 이야기하고 싶었던 것이다.

내 생각과는 달리 많은 사람들은 여기를 대결 구도의 거점으로 생각했던 것이다. 나는 그것은 아니라는 얘기를 하고 싶었다. 화제를 바꾸어 나가면 자연스럽게 달라질 것으로 생각했는데 화제를 바꾸기 전에 모든 것이 다 깨져 버렸다. 그래서 이야기가 없었던 것으로 가는 것도 괜찮은데, 여기는 농사를 짓고 있으니까, 이 와중에서도 시작했던 일을 그대로 살려 나가려는 사람들의 분투하는 모습들이 나가 줘야 한다. 농민들의 이야기다. 그것도 접어 버릴 수 있기는 하지만.

먹고사는 데 급급했던 한 사람의 수준으로 돌아와

새로운 삶의 목표를 가지고 돌아왔는데, 여기를 떠나기 전의 삶보다 더 고달픈 삶으로 돌아와 버렸다. '각을 세우고 싸우며 지지고 볶고 하는 정치 마당에서 이제 해방되는구나!' 하고 돌아왔었다. 새로운 일을 해 보자는 것이었다. 예전 이곳에 살 때 내 최대 관심사는 먹고사는 것이었다. 그 뒤 많은 목표들이 바뀌어 왔고, 마지막 돌아올 때도 새로운 목표를 가지고 돌아왔는데 지금 막상 부닥쳐 보니 완전히 먹고사는 데 급급했던 한 사람의 수준으로 돌아와 버린 것 같다. 어릴 때는 끊임없이 희망이라도 있었는데 지금은 희망이 없어져 버렸다. 귀향이라는 것이 이럴 수도 있구나 하고 생각하니, 새로운 목표를 세운 것이 방정맞은 일이었다는 생각도 든다.

어쨌든 홈페이지는 과감하게 개편하자. 사람들과 상의를 해서 하자. 우리가 구상했던 일들은 정리하자. 책 문제는 한번 생각해 보자. 구술할 수 있는 게 한계가 있지만 글로 이런 것들을 정리해 볼 테니까, 지난 얘기나 회고록을 한번 써 보자. 그렇게 하나씩 정리들을 해 나가자.

2 봉하 단상

〈봉하 글마당〉에서

노무현 대통령이 〈봉하 글마당〉에 올린 글들을 모았다. 〈봉하 글마당〉은 '사람 사는 세상' 홈페이지의 비공개 카페로서 대통령과 봉하의 참모들이 여러 가지 사안에 대한 단상을 글로 정리하는 곳이다.

권용목과 뉴라이트의 민주노총 보고서

2009. 03. 13. 22:08

2009년 3월 12일, 뉴스 전문 채널 화면에 뉴라이트 '민주노총 충격 보고서' 출판, 이런 자막이 뜬다. 무슨 이야기인가 궁금하여 '다음'에 들어가서 기사를 찾아보았다.

바쁜 마음에 기사의 첫머리를 읽지 않고 내용으로 바로 들어갔다. 읽어 보니 이전부터 들어서 알고 있는 이야기였다. 그런데 내용이 하도 구체적이고 생생하다. 뉴라이트 사람들이 이런 생생한 이야기들을 어떻게 취재했을까? 갑자기 궁금한 생각이 들었다. 그래서 기사의 첫머리로 다시 돌아가서 책을 쓴 사람이 누구인지를 확인하다가 나는 깜짝 놀랐다. '고 권용목' 상임 대표가 이 글을 썼다는 것 아닌가.

'고'라니, 권용목 대표가 언제 세상을 떠났는가? 나는 그것도 모르고 있었다니 참으로 무심했구나 싶다. 미안한 마음이 들었다. 그런데 권용목 그 사람의 글이 왜 뉴라이트 사람들 손에 들어간 것일까? 도저히 상상이 되지 않는다. 그날 저녁 뉴스를 보니 뉴라이트에 관한 보도 화면에 이원근 씨의 얼굴이 나온다. 아, 그렇게 된 것인가? 의문이 풀리는 것 같기도 하고 더 혼란스럽기도 하다.

　내가 그들을 처음 만난 것은 1988년 12월, 현대중공업 파업 사건 때이다. 당시 이 사람들이 현대중공업의 노동 투쟁을 이끌고 있었다. 이들은 그 이후에도 오랫동안 울산 노동운동의 지도자로 활동을 했다. 그중에서도 권용목 씨는 전국적 지도자가 되었고, 그의 아버지 권처흥 씨는 '노동자의 아버지'로 전국의 노동 투쟁이나 재야 투쟁의 현장에 단골 연사로 초청되고 어른으로 대접을 받았다. 나는 그동안 여러 차례 그분들을 만났고, 특히 권용목 씨의 성실하고 진지한 태도에는 존경심을 가지고 있었다. 그런데 이원근 씨는 어떻게 하여 뉴라이트가 되어 있고, 권용목 씨의 글을 뉴라이트가 출판하게 된 것일까?

　권용목 씨를 마지막으로 만난 것이 언제인지는 기억이 나지 않는다. 당시 권용목 씨는 이 글 내용처럼 구체적인 이야기를 하지는 않았으나 노동조합의 권력화 현상에 대한 실망감을 이야기했고, 무척 지친 모습이었던 것으로 기억된다. 권용목 씨는 무슨 생각으로 이런 책을 쓴 것일까? 추측이라는 것도 쉬운 일이 아니다. 조직에 대한 애정을 가지고 내부의 반성을 촉구하기 위하여 쓴 것일까? 그렇다면 뉴라이트가 책을 출판한 이유를 설명하기 어렵다.

　지난날 민주주의 운동을 이끌었던 사람들, 진보주의 운동을 이끌었던 사람들, 그들 중에 많은 사람들이 갈라섰다. 실망과 좌절, 희망 없음, 이런 이유 때문일 것이다. 어떤 사람은 이 마당을 떠났다. 어떤 사람은 전향을 했다. 어떤 사람은 변절했다. 그리고 남은 사람들은 분열했다. 그리고 지난날의 동지들과 적이 되어 싸우고 있다.

그리고 우리는 아직 소수파로 남아 있다. 참으로 가슴 아픈 상실이 아닐 수 없다.

민주주의와 시민의 주권 행사

2009. 03. 19. 10:39

봉하 추천글, '바람과 깃발' 님이 쓰신 'e 노마드의 주장에 대하여'라는 글에 붙인 촌평입니다. 앞으로 보완을 해 볼 생각입니다.

서로 이야기가 약간은 초점이 어긋나 있는 것 같기는 합니다만, 유익한 대화인 것 같습니다.

대의 민주주의는 기본일 것입니다. 많은 문제점이 있지만 그 효용을 부정하기는 어려울 것입니다. 투표의 뜻이 왜곡되지 않게 하기 위하여 무엇을 어떻게 할 것인가? 이것이 우리와 우리 이후 사람들의 과제일 것입니다.

민주주의 선조들은 대의 민주주의의 한계를 미리 알고 있었나 봅니다. 언론, 출판, 집회, 결사의 자유를 기본권 조항에 특별히 규정하고 판례로써 특별히 보호해 왔습니다. 여론을 형성하여 투표에 영향을 미치고 선출된 대표자의 행동에 영향을 미칠 수 있을 것입니다.

이것도 저것도 막힌 상황에서는 저항권이라는 것을 행사해 왔습니다. 이것도 저것도 별 막힌 것도 없는데, 국민 다수의 여론이나 투표의 결과가 다수 국민의 이익과 서로 어긋나는 결과가 나옵니다. 이럴 때에는 어떻게 할 것인가? 이것이 오늘날 우리가 처한 상황입니다.

저항권이 성립할 것 같지도 않습니다. 결국 여론을 이끌고, 표를 모으는 싸움을 할 수밖에 없습니다. 그런데 이것도 쉽지 않습니다. 민주주의 가치와 전략, 이런 것은 물론이고, 스스로의 이해관계라도 정확히 헤아린다는 것이 결코 쉬운 일이 아닌 데다가, 끊임없는 정치적 선전과 선동이 사람들을 헷갈리게 하기 때문입니다. 더욱이 한국의 경우는 지역 정서와 편파적인 미디어 환경이 균형 있는 여론의 형성을 방해합니다. 하지만 이것만으로 모든 것이 설명이 되지는 않습니다. 우리 스스로의 역량과 자세입니다. 우리의 범위를 어디까지로 잡아야 할 것인지는 또 많은 논란이 있을 수 있을 것입니다만, 대강 잡아서 우리라고 해봅시다. 우리는 지금 무엇을 하고 있는 것일까요?

e 노마드 님의 글은 이 마지막 부분, 우리들의 문제를 돌아보자는 뜻이었을 것입니다. 어떻든 이런 토론은 재미는 좀 없지만, 유익한 토론이라고 생각됩니다.

'바람과 깃발' 님의 글

e 노마드 님의 주장에 대하여

주장하신 내용에 대해 어제 짧은 글을 올리기도 했습니다만,
아무래도 본격적인 글을 쓰는 것이 마음이 편할 것 같습니다.
이 논의는 결국, 민주주의에 대한 이해와 대의 민주주의의 한계,
참여 민주주의에 대한 이야기가 될 것 같습니다.

1 — 민주주의

상대주의와 보편적 가치의 실현이 '민주주의'와 어떻게
관련되는지에 대해서는 제가 어제 올린 짧은 글에도 언급이
되어 있습니다만, 제가 쓴 다른 글에 있는 내용을 가져와
설명하자면 내용은 이렇습니다.

정치 공동체의 안정과 영속성: 자신의 가치를 실현하고자
하는 인간의 욕구가 다른 공동체 구성원의 가치 실현을
방해하거나, 근본적으로 차단하는 경우에는 공동체의 안정과
영속성이 보장될 수 없다. 유혈 투쟁과 같은 공동체의 파괴
현상은 공동체 구성원 전체의 가치 실현을 심각하게 저해하는
결과를 가져오므로, 공동체의 안정과 영속성(이것은 민주주의
원리의 하나인 다수결의 원리의 내재적 한계가 된다)은
공동체 구성원의 가치 실현을 위해 반드시 필요하다. 이것은

그 구성원의 가치 실현이 공동체 내에서 실현 가능할 경우에만
가능하다. 즉, 공동체의 '구성원의 가치 실현의 장으로서의
기능'을 보장하는 것이 '안정성과 영속성'을 담보한다.

민주주의의 근거와 내용: 공동체가 '구성원의 가치 실현의
장으로서의 기능'을 유지하기 위해서는 가치 실현의
주체(공동체적 법익의 주체)인 공동체 구성원의 이해관계를
공동체의 조직과 운영에 반영할 필요가 있다. 그것은 가치 실현의
주체의 이해관계가 반영된 결정이라면 당연히 '공동체의 가치
실현의 장으로서의 기능'이 유지될 수 있을 것이라는 기대에 의한
것이다. 즉, 공동체의 법익 주체(가치 실현의 주체)인 공동체
구성원의 "자신의 가치 실현의 사회적 조건에 대한 결정권"이
민주주의의 근거인 것이다. '사회적 자기 결정권'이라고 말할 수
있는 이 권리는, 인간의 권리 주체성에 근거한 것으로서, 모든
사회적 권리를 위한 권리라고 할 수 있다. 민주주의는 "공동체
구성원이 평등하게 사회적 자기 결정권을 행사하여 공동체와
구성원의 이익을 종국적으로 합치시키는 '총체적 의사'의 형성
방법"이라고 말할 수 있다.
(위 주장은 저 개인의 주장이니 다른 오해는 없으시기 바랍니다.)

2 — 대의 민주주의의 한계 문제

대의 민주주의에 대한 기존의 견해는 "국민이 직접 국가의 의사를
형성하지 않고, 그 대표자를 통하여 간접적으로 의사 결정 과정에
참여하고 그에 구속되는 국가의사 결정의 원리이다. 간접민주제

또는 대표민주제라고도 한다"입니다. 여기서, 대의 민주주의를
어떻게 바라봐야 하는가 하는 문제가 나옵니다. 왜냐하면,
"대표를 뽑았으니 그만"이라는 말이 대의 민주주의라는 말 속에
포함되어 있기 때문입니다. e 노마드 님의 주장은 전적으로
기존의 대의 민주주의에 대한 견해에 근거한 것입니다.

그런데 만약 그렇게 되면 '참여 민주주의'나 '시민 민주주의'는
도대체 무슨 논리적 근거를 가지는 것일까요? 사실
'대의 민주주의'의 의미에는 상당한 함정이 있습니다. 아래는
제가 나름대로 정리한 직접민주주의와 간접민주주의의
정의입니다. 이것은 기존의 설명과는 차이가 있는 것이니
참고하시기 바랍니다.

간접민주주의(대의제 민주주의)

공동체 구성원이 선출한 자를 통해 '총체적 의사'를 형성하는
민주주의를 말한다. 즉 '총체적 의사의 형성' 자체를 대리하는
것이다(이것은 결국 공동체 구성원의 사회적 자기 결정권 자체를
대리하는 것을 말한다). 그러나 이 경우에도 공동체 구성원
전체의 '총체적 의사'가 사라지는 것은 아니다.
이것은 일종의 위임계약에 의한 대리권의 수여로서, 수임인이자
대리인인 자의 '의사'가 공동체 구성원 전체의 의사와 같은
효과를 갖는다는 측면에서 '대표'로서의 성격을 갖는다.
'총체적 의사의 형성' 자체를 대표하므로 위임의 성격은 자유
위임(무기속 위임)이다.

직접민주주의

'모든 권력'에 대한 '공동체 구성원 전체'의 직접적 행사를 의미하는 것이 아니라, 공동체 구성원의 의사의 반영에 의한 공동체의 '총체적 의사'의 항시적 형성과 그것의 통치 구조에 의한 실현이 보장되는 정치제도를 말한다. 따라서 사실상의 권력의 행사는 위임계약에 의한 대리권의 수여를 통해 수임인이자 대리인인 자가 하는 것이다. 그러나 '총체적 의사'는 대표되지 않는다. 따라서 위임의 성격은 기속 위임이다.

핵심은 국민의 권력 위임이 '기속 위임'이냐 '불기속 위임'이냐에 있습니다. 그런데 문제는 다른 데도 있습니다. 어제 이곳에 올렸던 글에도 같은 이야기를 올린 적이 있습니다만, 간접민주주의에 의해 선출한 대표가 자신을 선출해 준 일부만을 대표하는 정치 행위를 할 때입니다. 처음으로 돌아가서 생각해 보면, 그와 같은 행위는 상대주의와 보편적 가치를 현저하게 훼손한다는 것을 의미합니다. 법을 하나 만들거나 정책을 하나 실현하는 것은, 사실상 수많은 사람의 목숨과 관련되는 것입니다. 과정은 이렇습니다.

대운하를 한다. 그러려면 돈이 필요하니 복지 예산이나 다른 부문의 예산을 줄이고 그것을 대운하 건설에 쓴다. 기존의 복지 예산이나 그 외의 부문에 기대어 살던 사람들은 살길이 막막해진다. 그러다 보면 죽어 나간다. 대운하의 건설로 인한 실질적 피해, 운하 건설하면 거기에 빠져 죽을 사람 등. 사정이 이렇기 때문에, 정책이나 법률의 중요성은 더 말할 필요가 없습니다. 그런데 대통령이나 국회의원이 자신의 지지자를 위한 정책만을 일방적으로 추진하게 된다면, 그 외의 국민들의 삶을 근본적으로 파괴하게 되는 것입니다. 그것은 애초부터, 권력 위임의 한계를 일탈한 것에 다름이 아닌 것이지요. 다수결의 한계를 일탈한 것이기도 합니다. 왜냐하면 다수 국민들의 삶을 근본적으로 파괴함으로써 상대주의를 저버리고, 보편적 가치를 저버렸기 때문이죠. 그렇다면, 남은 것은 '가치를 지키기 위한 투쟁'뿐 아닐까요? 만일 투쟁하지 않고 그냥 '대의 민주주의에 의한 폭력'을 수용한다고 생각해 보자구요. 그럼 변하는 것은 무엇입니까? 다음에 우리가 집권하면, 똑같이 갚아 줄까요?

3 — 참여 민주주의는 무엇인가?

참여 민주주의, 혹은 시민 민주주의는 근본적으로 '헌법과 법률에 어긋나지 않는 모든 국민들의 정치 참여'를 말하는 것이 아닐까 싶습니다. 제가 다른 글에 이에 대해 정리한 글을 가져오면서 마무리하겠습니다.

> 지방자치와도 밀접한 관계가 있는 '시민 민주주의'는 '사회적 자기 결정권의 확대'와 관련된다. 즉, 총체적 의사의 허용 범위 내에 있다면, 사회적 자기 결정권을 광범위하게 허용하는 것이 구성원의 가치 실현이라는 측면에서 총체적 의사에 더 합치한다는 것이다. 이것은 또한, '대리인을 통한 의사의 실현'이 가져오는 '관료주의의 문제'를 해결하기 위한 방법이기도 하다. 관료들 역시 가치 실현의 욕구를 지닌 인간이므로, 자신에게 더 유익한 결정을 할 수 있기

때문이다.

감사 제도 등을 통해 권력의 정당한 행사를 보장하기 위한 노력이 계속되고 있지만, 그 효과가 매우 제한적이라는 것은 역사적 경험을 통해 잘 알려져 있는 바이다. 따라서 권력의 위임을 통한 행사를 최대한 축소하여 권력의 부패를 근원적으로 차단하고, 공동체 구성원의 사회적 자기 결정권을 최대한 확장하고자 하는 것이 '시민 민주주의'라고 할 수 있다. 즉, 시민 민주주의는 '시민'이 '총체적 의사 실현의 도구'로서 통치 기구와 같은 위치에 섬으로써, '가치 실현의 사회적 조건에 대한 구성원의 개입력을 확장하는 것'이다.

사족을 좀 달자면, 저는 지금과 같은 정치적 난맥상의 원인이 '사실과 이해관계의 왜곡'에 있다고 생각합니다. 언론이 제 역할을 못하니, 사실과 이해관계를 국민들이 제대로 파악하지 못하는 것이죠. 그래서 국민들이 문제지만, 국민 탓만도 아닌 겁니다……. 제일 어려운 부분이죠. 제 생각에 정치 지도자라면, '언론 문제에 대한 관심을 환기해야 합니다'. 그게 우리나라에서 진짜 지도자입니다.

2009. 03. 18. 12:03
바람과 깃발

춤추는 미사일, 누구를 위한 것일까?

2009. 04. 04. 14:16

북한, 로켓 내일 발사할 가능성 높다
오바마, 북이 로켓 발사하면 안보리 회부, 대가 치를 것
일본, 10분 내 영공 진입 보도, 1시간 내 위험 여부 확인
외교부, 긴급 대책 회의

아침 YTN 뉴스 제목을 기억으로 대강 되살려 본 것이다. 이런 보도는 특정 언론만의 이야기가 아니다. 지난 2월 초에 시작하여 지금까지 두 달이 지나도록 모든 언론이 보도 잔치를 벌이고 있다.

좀 더 생각해 보니 언론만이 아니다. 정치도 춤을 춘다. 한국만이 아니다. 세계의 정치와 언론이 춤을 춘다. 2006년 7월 그때와 아주 비슷하다. 달라진 것은 이름이 '미사일'에서 '로켓'으로 바뀌었다. 각자가 수지 계산을 하고 있을 것이다. 그런데 무엇을 기준으로 한 수지 계산일까?

정말 계산을 잘하고 있는 것일까? 혹시 바보 놀음을 하고 있는 것은 아닐까? 혹시 거짓말 놀음을 하고 있는 것은 아닐까?

과연 북한의 로켓 하나가 정말 온 세계가 떠들 만큼 그렇게 위험한 것일까? 미국과 일본, 한국이 손바닥처럼 들여다보고 있는 가운데, 연료 주입에 며칠씩 걸리는 로켓 하나가 얼마나 위험한 것일까?

전문가라는 사람들은 북한의 로켓이 군사력의 열세를 만회

하기 위한 무기이거나 정치적 무기라고 말한다.

그렇다면 세계가 떠들면 떠들수록 북한의 계산에 장단을 맞추어 주는 셈이 된다. 그런데 왜 이렇게 떠들고 나서는 것일까?

언론은 일단 장사가 되는 이야기이다. 일단 보도는 키우고 볼 일이다. 어떤 관점으로 보도를 할 것인지는 각기 태도를 달리할 수도 있을 것이지만, 적어도 보도의 크기를 줄인다는 생각은 하기 어려운 일일 것이다.

정치인들은 왜 판을 키우는 것일까? 일본은 왜 요격까지 들고나오는 것일까? 일본의 우파들은 국민을 결속하고 군비를 강화할 수 있는 명분이 생기니 좋은 기회를 잡은 셈이다. 그래도 요격까지 들고나온 것은 지나치다. 그런 일이 일어날 가능성은 얼마나 되는 것일까? 어떻든 일본의 이런 대응은 동북아의 군비경쟁을 부추기는 결과로 나타날 것이다. 과연 이것은 장기적으로 일본에게 득이 되는 것일까? 어떻든 우리 언론을 보고는 이런 일이 어떻게 돌아가는지 알 수가 없다. 그저 전자 게임하듯이 싸움 구경만 할 수밖에 없다.

미국은 대통령이 바뀌었는데도 지난날 부시 정권이 쓰던 버전 그대로 들고나온다. 중국이 반대를 하지 않는다고 하니 안보리 회부까지는 가능할 것이지만, 과연 안보리 결의까지 갈 수 있을까? 2006년? 핵실험 때인가? 미사일 때인가? 그때는 부시가 유엔 안보리 이사국들의 팔을 비틀어서 결의안이라는 것을 만들었다. 그런데 그때도 결의의 근거와 내용이 어정쩡한 타협에 그쳤다. 근거도 박약했다. 과연 이것이 오바마의 전략일까? 과연 적절한 전략일까? 다른 전략은 없었을까? 이것이 미국의 진보 진영이 할 수 있는 외교 안보 정책의 한계일까? 이런 궁금증이 있지만 우리 언론에는 나오지 않는다.

우리는 어떻게 대응하는 것이 좋을까?

2006년, 나는 미사일 이야기를 키우지 않는 것이 좋겠다는 생각을 가지고 있었다. 북한의 로켓이 군사적으로나 정치적으로나 일차적으로 우리를 겨냥하고 있는 것도 아닌데, 굳이 나서서 북한과 각을 세워서 남북 관계에 긴장을 조성할 일도 아니고, 판을 키워서 북한의 의도에 맞장구를 칠 일도 아니라고 생각했기 때문이다. 그래서 나는 아무 말을 하지 않았다. 청와대 참모들에게는 이런 인식을 이야기했을 것이다. 그러나 참모들은 이런 인식을 정부의 방침으로 공식화하거나, 관계 부처의 입을 통제하지는 않았던 것 같다.

만일 청와대 참모들이 부처를 통제하려고 했더라면 어떤 일이 벌어졌을까? 우리 정부 부처들은 남북 관계보다 우방과의 공조, 언론과 여론에 대한 대응에 무게의 중심을 두고 있었을 것이다. 국내 여론도 미국과 일본의 우파들의 입장과 같이 가고 있었다. 언론도 대세는 그쪽이었을 것이다. 관계 부처가 스스로의 생각에 반하여, 언론과 여론의 대세를 무릅쓰고, 우방과 엇박자를 낼 수는 없었을 것이다.

결국 통제는 아무런 소용이 없었을 것이다. 오히려 '친북 정권' '어느 나라 정부냐?' 이런 시비가 언론을 장식했을 것이다. 언론이 말을 시키기로 마음을 먹으면 장승이라도 말을 하게 되어 있다. 참여정부 청와대만 바보가 되고 말았을 것이다. 그런데 청와대는 그렇게 하지 않고도 쑥대밭이 되고 말았다.

　　로켓 발사 당일, 나는 새벽부터 상황을 보고 받고 있었다. 그러나 나는 우리 국민들에게 이것이 당장의 안보 위기와 연결되는 문제라고 말하고 싶지 않았다. 그래서 전날부터 비상도 걸지 않았고, 아침 대책 회의도 일부러 11시로 미루었다.

　　안보 불감증이라는 언론의 비난쯤은 감당할 생각이었다. 그러나 결과는 그 정도로 끝나는 일이 아니었다. 야당이 길길이 뛰고 언론이 판을 키우니 그야말로 대세가 된다. 대세가 이렇게 되니 여당 사람들도 은근히 화살을 겨눈다. 나중에는 청와대 내부조차도 안보 부서 사람들이 다른 부서 사람들에게 미안해하는 눈치였다. 결국 대통령이 안보 라인 사람들에게 미안하게 되었다는 생각을 하지 않을 수 없는 상황이 되고 말았다.

　　정치와 언론 간에 각기 눈앞의 손익계산으로 주고받는 공방들, 과연 누구에게, 무엇이 얼마나 남는 놀이가 되는 것일까? 정치하는 사람들은 정치적 이익을 챙기고 언론은 먹을거리를 챙길 것이다. 국민들에게 남는 것은 무엇일까? 그 결과는 점점 높아지는 긴장과 적대감, 그리고 전쟁의 위험과 불안일 것이다.

　　어떤 사람들은 거짓말 놀음을 하고 있는 것이다. 그리고 우리는 바보 놀음에 빠져 있는 것이다. 문제는 어느 누구도 이 게임의 틀을 벗어나기 어렵다는 것이다.

　　오바마 대통령은 그의 세계 질서에 관한 인식이 무엇이든, 외교 안보 전략에서 대결주의는 버릴 수 있을 것이나, 미국의 패권주의를 공식적으로 포기하기는 어려울 것이다. 미국이 국민 정서, 우파와 언론의 공격, 여론, 이런 포위선에 둘러싸여 있기 때문이다.

　한국은 우방과의 공조, 언론을 무시할 수가 없을 것이다. 단지 앞장서서 길길이 뛰지나 않을 수준을 유지할 수는 있을 것이다. 우리는 바보 놀음, 거짓말 놀음의 틀에 갇혀 있기 때문이다. 이 틀은 정치하는 사람들과 언론하는 사람들의 이익으로 짜여 있다. 사람들의 시기심과 증오, 적대와 불신의 본능에 기초하고 있다. 우리가 쉽게 말하는 평화라는 것은 이 틀을 깨야 만들 수 있다. 여기에는 현명한 시민들의 연대가 필요하다.

　오늘 4월 4일 아침 미디어 다음의 뉴스 제목

　"北, 관측 카메라 3곳 설치" 초읽기…… 정부 비상 체제 돌입 — 연합뉴스

　북한 조선중앙통신 "곧 인공위성 발사" — 연합뉴스

　선전 효과 5일·기상 6일 최적 — 서울신문

　동해는 준전시 상황 — 서울신문

　日, 北 로켓 요격 태세 돌입 — 연합뉴스

　北방송, 로켓 발사장 인근 "갬…… 바람 4~7m" — 연합뉴스

　외교부, '北 로켓' 긴급 대책 회의 개최 — 연합뉴스

　'北 로켓 발사 초읽기' 미사일인가, 위성인가 — 한국일보

　北 대포동2호 10년 걸려 개량…… 성공 자신감 — 서울신문

　"北 벼랑 끝 전술 다시 작동" — 연합뉴스

　李 대통령 "대북 특사 필요하면 보낼 것" — 노컷뉴스

　"북한 로켓 발사해도 6자 틀 유지돼야" — 노컷뉴스

한·중 정상, 北 로켓 안보리 결의안 이견 — 경향신문

<u>어제 4월 3일 미디어 다음의 뉴스 제목</u>

북한 로켓 발사 임박…… 정부 긴박한 움직임 — 연합뉴스

정부, 北 로켓 시나리오별 대책 마련 — 연합뉴스

北, 로켓 발사 초읽기…… 이르면 4일 가능성 — 연합뉴스

"北 로켓 발사 성공 가능성 높아" — 노컷뉴스

한미 정상, 北 미사일 발사 시 안보리 회부 — 연합뉴스

北 로켓 발사 임박…… 연료 주입 시작한 듯 — 연합뉴스

정치인들은 껍데기예요

2009. 04. 12. 20:54

검찰에서 조사를 받고 온 날 아내가 불쑥 말합니다.

"권력은 돈하고, 언론하고, 검찰에 있어요. 정치인들은 껍데기입니다. 정치인들, 먹고살 것도 없는 사람들이 큰소리만 뻥뻥 쳤지, 뭐가 있어요? 돈이 있어요? 힘이 있어요? 걸핏하면 감옥이나 들어가고. 불쌍한 사람들이에요."

어지간히 혼이 난 모양입니다. 그리고 큰 것을 깨친 모양입니다. 내가 받습니다.

"세상이 달라지겠지요. 유럽에서는 정치하는 데 돈이 별로 들지 않는다고 합니다. 미국에서는 돈 모으기가 좀 쉽다고 하고요. 클린턴 재단은 2억 6,000만 달러를 모았다고 하고요."

그런데 자꾸 불안합니다. 아내의 말이 맞는 것 같아서…….

돈 많은 사람들만 정치를 할 수 있는 세상이 올 수도 있을 것입니다. 언론이 돈과 손잡고 있고 언론 재벌이 언론을 독점하는 세상에서는 정치판도 돈 많은 사람들의 세상이 될 것입니다.

우리나라는 이전부터 그렇게 되어 있고요. 이탈리아에서는 베를루스코니가 득세를 하고 있지요. 아내 말이 맞는 것 같네요.

언론은 흉기다
2009. 04. 12. 21:23

총은 흉기가 된다. 카메라도 흉기가 된다. 텔레비전 뉴스에 난데없는 활극이 나왔다. 어젯밤 기자들이 건호가 탄 차를 따라붙는 모습이다. 쫓고 쫓기는 자동차들의 모습이 무슨 영화의 한 장면처럼 아슬아슬하다. 건호가 탄 차는 도망가고, 기자들이 탄 차는 추격한다. 구도만 보아도 건호는 죄인이다. 뒤쫓는 기자는 무엇으로 보일까? 영화에서 본 보안관으로 보일까? 영화에서나 본 이리 떼처럼 보일까?

당해 본 사람은 안다. 공항을 나올 때 사진은 충분히 찍었을 것이다. 왜 또 따라붙었을까? 밥도 먹고 잠도 자야 할 텐데……. 어디로 가야 할까? 당하는 사람은 참 고통스럽다.

왜 저런 장면을 찍어야 할까? 왜 저런 장면을 방송해야 할까? 이럴 때 카메라는 흉기가 된다. 사람의 생각도 흉기가 된다.

미국에서도 한바탕 전쟁을 치렀단다. 기자들이 아들이 사는 집을 둘러싸고 있어서 손녀딸이 남의 집에 피신을 하고 있단다.

가족과 함께 사는 집에서 밀고 당기는 것 말고 취재할 것이 무엇이 있을까?

인정사정 볼 것 없다. 봉하 집은 길에서 마당이 다 보인다. 마당에 나갈 수가 없다. 마당에 안 나가니 부엌 건너편 산에 진을 친다. 그곳에서는 안방에서 부엌으로 가는 것까지 환히 들여다보인다. 밥 먹으러 가는 모습까지 찍어서 내보낸다. 준비 안 된 풀어진 표정이 보도된다. 인권이고 뭐고 없다. 겁이 나서 마당에 나갈 수가 없다. 몇 날인지 몇 주인지 알 수도 없다. 몇 달을 갈 것 같다.

작년에는 형님 집이 포위되었다. 형님은 물론이고 가족들도 손님들도 출입을 할 수가 없다. 가족끼리 만나려면 007작전을 해야 한다. 불안하고 초조한 얼굴, 허둥지둥 기자들에게 쫓기는 모습, 이런 사진을 보지 못해서 억울한 사람이 있을까? 이런 사진을 보고 좋아하는 사람도 있을까?

정말 언론은 사회의 공기일까? 정도를 넘으면 흉기가 된다. 카메라도 볼펜도 사람도 생각도 흉기가 된다. 그들은 할 말이 있을 것이다. 그래야 사람들이 나쁜 일을 할 생각을 하지 않을 것이라고. 과연 그럴까? 그렇게 해도 되는 것일까?

텔레비전을 보면서 항상 생각해 보던 일이지만 남의 일이 아니고 내가 당해 보니 참 아프다.

* * *

이 글을 써 놓고 며칠이 지났다. 아침 7시, 밥 먹으러 나가 보니 부엌 맞은편 산비탈에 오늘도 기자들 여럿이 진을 치고 있다. 그

전에는 앉고 비스듬히 눕고 편안한 자세더니 오늘은 모두 엉거주춤 서 있다. 어젯밤 비가 와서 땅이 젖어 있기 때문이다. 오늘은 그들이 불쌍하게 보인다.

산다는 것이 뭘까?

안방에서 걷는다. 하나, 둘, 셋, 넷, 다섯, 여섯, 일곱, 뒤로 돌아서 다시 하나, 둘……. 〈빠삐용〉이라는 영화에서 본 장면이 생각난다. 기자들 때문에 마당에도 나갈 수가 없기 때문이다. 엊그제 뒤뜰에 나갔던 모습이 『조선일보』 카메라에 잡혔다고 한다. 1km가 넘는 산꼭대기에서 망원 카메라로 잡은 사진이란다.

뒷마당에서 아내와 서 있는 것은 사생활이다. 이것을 공개하는 공익의 명분은 무엇일까? 요즈음 기계들 성능이 너무 좋다. 내가 보기에는 그 기계가 흉기로 보인다.

제 집 안뜰을 돌려주시기 바랍니다

2009. 04. 21. 14:57

이 글은 2009년 4월 말 '사람 사는 세상' 홈페이지를 통해 공개되었다.

언론에 호소합니다. 저의 집 안뜰을 돌려주세요. 한 사람의 인간으로서 호소합니다. 그것은 제게 남은 최소한의 인간의 권리입니다.

저의 집은 감옥입니다.

집 바깥으로는 한 발자국도 나갈 수가 없습니다.

저의 집에는 아무도 올 수가 없습니다.

카메라와 기자들이 지키고 있기 때문입니다.

아이들도, 친척들도, 친구들도 아무도 올 수가 없습니다. 신문에 방송에 대문짝만 하게 나올 사진이 두렵기 때문입니다. 아마 이상한 해설도 함께 붙겠지요.

오래되었습니다.

이 정도는 감수해야겠지요.

이런 상황을 불평할 염치가 없습니다. 저의 불찰에서 비롯된 일이기 때문입니다.

그러나 그렇다 할지라도 인간으로서 지켜야 할 최소한의 사생활 또한 소중한 것입니다.

창문을 열어 놓을 수 있는 자유, 마당을 걸을 수 있는 자유, 이런 정도의 자유는 누리고 싶습니다.

그런데 저에게는 지금 이만한 자유가 보장이 되지 않습니다.

카메라가 집 안을 들여다보고 있기 때문입니다.

며칠 전에는 집 뒤쪽 화단에 나갔다가 사진에 찍혔습니다.

잠시 나갔다가 찍힌 것입니다.

24시간 들여다보고 있는 모양입니다.

어제는 비가 오는데 아내가 우산을 쓰고 마당에 나갔다가 또 찍혔습니다.

비 오는 날도 지키고 있는 모양입니다.

방 안에 있는 모습이 나온 일도 있다고 합니다.

그래서 우리는 커튼을 내려놓고 살고 있습니다.

요즘 카메라 성능이 너무 좋은 것 같습니다.

먼 산을 바라보고 싶을 때가 있습니다. 그런데 가끔 보고 싶은 사자바위 위에서 카메라가 지키고 있으니 그 산봉우리를 바라볼 수가 없습니다.

이렇게 하는 것은 사람에게 너무 큰 고통을 주는 것입니다.

언론에 호소합니다.

제가 방 안에서 비서들과 대화하는 모습, 안뜰에서 나무를 보고 있는 모습, 마당을 서성거리는 모습, 이 모든 것이 다 국민의 알 권리에 속하는 것일까요?

한 사람의 인간으로서 간곡히 호소합니다.

저의 안마당을 돌려주세요.

안마당에서 자유롭게 걸을 수 있는 자유,

걸으면서 먼 산이라도 바라볼 수 있는 자유,

최소한의 사생활이라도 돌려주시기 바랍니다.

〈좋은 자료 모으기 동호회〉에서

노무현 대통령이 '사람 사는 세상' 홈페이지의 비공개 카페 〈좋은 자료 모으기 동호회〉에 올린 글이다. 이 모임은 대통령을 비롯한 홈페이지 회원들이 참여하여 여러 방면에 걸쳐 자료들을 요구하고 축적하기 위해 만든 곳이다.

수직적 권위주의 권력 문화와
전시 행정에 관한 사례를 모아 봅시다
2009. 03. 09. 17:17

권위주의 정치 문화에서는 문제의 본질과 관련이 없는 모양내기 행정 지시가 많고, 그에 따른 소동도 많지요.

골프장 가지 마라, 이런 것이 단골이고요. 지난번 전봇대 뽑기도 그런 예의 하나일 것입니다. 아래의 자료는 그런 사례의 하나입니다.

이런 자료들을 모아 두면, 후일 누가 권위주의 문화와 전시 행정의 헛발질에 관한 이야기를 한마디 하려고 할 때 편리할 것입니다.

MB 한마디에······ 농식품부 "작업복 입자" 소동

농정과 옷차림의 상관관계는?

이명박 대통령의 뉴질랜드 방문 수행을 마치고 귀국한 장태평
농림수산식품부 장관은 5일 기자 간담회에서 다음 주부터 양복
정장에서 작업복으로 패션을 바꾸겠다고 선언했다. 국무회의도
작업복 차림으로 가겠다고 했다. 차관들에게도 작업복을 입고
공식 회의에 참석토록 지시했다.

장 장관이 갑자기 '드레스 코드'를 바꾼 것은 이 대통령의 발언
때문. 이 대통령이 뉴질랜드 순방 과정에서 "농식품부 장관이
왜 외교부 장관과 똑같이 넥타이에 양복을 입고 다니느냐"
"농식품부 장관은 각료라 생각하지 말고 농촌 개혁 운동가라
생각하고 일하라"고 한마디 던진 것.

대통령은 '농담 반 진담 반'으로 얘기했지만, 파장은 커졌다.
농식품부 내에선 발언의 진의 해석을 놓고 의견이 분분했지만,
대통령이 공식적으로 언급한 이상 따르지 않을 수도 없는
상황이다.

일단 장·차관만 작업복을 입고 나머지 공무원에겐 복장 규정을
강제하지 않기로 했지만, 직원들은 당황하고 있다. 농식품부의
한 직원은 "장·차관이 점퍼 작업복을 입는 마당에 직원들이
넥타이를 매는 것도 이상하지 않느냐"고 말했다.

사실 과천 관가에선 농식품부 장·차관의 점퍼 작업복 근무에
대해 갸우뚱하는 눈치다. 예컨대 장관이 외빈 접견이 있을
경우 점퍼 차림으로 만날 수도 없고, 번번이 작업복과 양복

정장을 갈아입자니 번거로울 수밖에 없기 때문. 대통령은 '농업 개혁'을 강조하는 실용 취지로 얘기했다지만, 결과적으로는 비실용적이게 됐다는 평가다.

『한국일보』 2009년 3월 6일, 문향란 기자

민주주의 역량의 부족에 관한 이야기 자료가 있을까요?

2009. 03. 09. 22:20

얼마 전 대학 총장 한 분을 만났습니다. 그분 말씀은 1987년 6월 항쟁 이후 총장 직선제를 채택했던 대학교 중에서 아직까지 총장 직선제를 하고 있는 학교는 얼마 남지 않았다는 것입니다. 그렇게 된 이유는 재단들이 그 제도를 없애려고 노력을 많이 했고, 교수들도 선거 때 일어나는 잡음과 후유증 때문에 직선제를 탐탁지 않게 생각하여 그렇게 되었다는 것입니다. 그 이야기를 듣고 보니 대학교수 사회가 그 수준이면 우리나라 민주주의는 앞으로도 우여곡절이 많겠구나 싶었습니다.

과연 이 말이 사실일까요?

이런 사실을 가지고 민주주의 역량이 부족하다고 말할 수 있을까요?

그렇다면 그동안 총장 선거가 줄어든 것이 사실인지, 그동안 총장 선거에 관한 잡음이 있었던 사례 등을 모아 보는 것도 의미가 있을 것입니다.

비슷한 이야기를 할 만한 자료가 있으면 모아 봅시다.

문제 있는 기사들을 모아 봅시다

2009. 04. 16. 22:03

언론에 보도된 기사들 중에는 여러 가지 문제들이 있습니다. 우선 여러 가지 사례를 모은 다음에 유형별로 정리를 하면 될 것입니다.

정책 결정은 누가 하나?

2009. 04. 16. 21:16

정책을 결정하는 힘을 우리는 권력이라고 한다. 결국 이 주제는 '권력은 누구에게 있는가?'라는 주제와 같은 것이다.

우리는 '정책' 하면 대통령을 생각하고 다음에는 국회를 생각한다. 그런데 과연 정책은 누가 결정하는 것일까? 절차로만 정책을 입안하는 사람들은 대통령, 정부, 정당, 국회 등이다. 그들은 여론을 살피고 여론을 내세운다. 물론 여론은 정치조직, 언론 등의 선전, 선동, 설득, 거짓말, 심리 조작 등의 공작으로 변화하고 조작되기도 한다. 그러나 궁극적으로 여론은 국민의 생각에 달려 있다.

정책 결정 과정에 영향을 미치는 권력 주체들에 관한 실례들을 모아 보자는 것이다.

정치와 돈

2009. 04. 18. 13:17

정치와 돈에 관한 참고 자료들을 모아 봅시다.

참여정부에 대한 비판적 평가들

2009. 04. 18. 21:01

참여정부에 대한 비판적 평가들이 많이 있을 것입니다. 어떤 자료들이 있는지 모아 봅시다.

정권이 바뀌면 안보에 관한 정보도 바뀌는가 봅니다

2009. 03. 11. 09:52

정권이 바뀌면 안보에 관한 정보도 달라지는가 봅니다. 그런 사례들이 많이 있었지요. 미국의 정권이 바뀌면 우리 안보에 관한 정보도 바뀌나 봅니다.

미국의 정보기관이 북의 미사일을 인공위성으로 말하는 모양입니다. 얼마 전에는 북한 핵의 목적을 방어용으로 말하기도 했지요.

비슷한 사례가 많이 있을 것입니다. 국내외의 여러 자료를 모아 봅시다.

작은 정부와 구조 조정의 결과에 대하여

2009. 03. 11. 09:32

1990년대 초부터 작은 정부, 구조 조정, 아웃소싱 같은 말이 유행했지요. 그리고 1997년 외환 위기로 우리 경제가 파탄이 나자 우리 사회에는 구조 조정, 아웃소싱의 칼바람이 불었지요. 그런데 그 칼바람에 어떤 사람이 희생되고 그 희생을 바친 성과는 어떤 것이 있었는지 항상 궁금했지만, 적당한 연구나 자료를 보지 못했습니다. 지금 또 비슷한 바람이 불고 있지만, 희생은 무엇이고 성과는 무엇일지에 관한 이렇다 할 사회적 논의는 없는 것 같습니다.

문득 생각나게 하는 자료 하나를 발견하고 올립니다. 이전에 나온 자료들이 있으면 좀 찾아서 올려 봅시다.

이공계는 자리 줄고

이공계가 공직 사회에서도 '찬밥' 신세를 면치 못하고 있는 것으로 나타났다. 지난해 '작고 효율적인 정부' 방침에 따라 조직 개편을 단행하는 과정에서 일반직 이공계 인력이 10% 이상 감축되는 등 이공계 공무원들이 된서리를 맞은 것으로 확인됐다. 10일 행정안전부에 따르면 4급 이상 일반직 공무원 가운데 기술직과 행정직 내 이공계 전공자는 2007년 말 2,172명에서 정부 조직 개편의 칼바람이 불던 지난해 5월 1,957명으로 10% 이상(215명) 급감했다. 이에 따라 일반직 공무원 중 이공계 비중도 6년 만에 하락세로 돌아섰다. 현재 4급 이상 관리직 공무원 6,274명 가운데 기술직·이공계 비중은 31.2%로 전년 대비 소폭 하락했다.

특히 업무 특성상 상당수가 전문 계약직으로 채용돼 있던 이공계 인력들은 지난해 8월 공무원 감축 당시 별정·계약직 해고와 함께 대거 공직 사회를 떠난 것으로 알려졌다. 전문 계약직은 일반 행정직이 아닌 이공계 석·박사 등 기술 전문 인력이 다수를 차지하는 것으로 전해졌다.

행안부에 따르면 2007년 말 이공계를 포함한 일반 계약직은 1,300명, 전문 계약직은 532명이었지만 지난해 조직 개편 이후 실시된 5월 조사에는 각각 1,274명, 498명으로 5% 줄었다. 하지만 정원 조직 등을 총괄하는 행안부에서는 공무원 정원

외로 분류되는 전문 계약직 가운데 이공계 인력은 별도 집계를 하지 않아 실태 파악조차 어려운 상태다. 따라서 계약 만료로 인한 대량 퇴출이 진행됐던 지난해 8월 말 이후를 합치면 퇴출된 이공계 인력은 더욱 늘어날 전망이다.

이와 함께 5급 기술직 신규 채용도 3년 연속 하락세를 보였다. 2005년 50.4%에 달했던 기술직 신규 채용 비율은 2006년 34.7%, 2007년 29.2%, 2008년 26.8%로 수직 하락했다. 개방형 직위(국·과장급)도 마찬가지다. 2005년 52.2%(전체 146명 중 76명)였던 개방형 직위 임용자 내 이공계 비율은 2006년 47.6%, 2007년 43.4%, 지난해는 36.5%(85명 중 31명)까지 추락했다.

이에 따라 행안부는 올해 끝나는 '이공계 공직진출 확대방안 5개년' 계획을 새롭게 세우고 관련 수요 조사에 착수했다.

정부 관계자는 "계약직 가운데서도 전문 기술을 요하는 이공계 계약 공무원들의 상당수가 잘려 나간 상태"라면서 "공무원 전문성 강화 차원에서도 충원이 필요한 시점"이라고 강조했다. 서원석 한국행정연구원 수석연구원은 "정부 조직 개편 와중에 보직이 크게 줄면서 갈 곳 없는 기술·이공계 공무원들에 대한 배려가 부족했다"고 지적했다.

『서울신문』 2009년 3월 10일, 강주리 기자

오바마의 진보주의 개혁은 성공할 것인가?

2009. 05. 21. 10:28

오바마는 진보 시대의 진보 대통령이 될 것이라는 기대를 모았습니다. 그런데 오바마의 개혁이 주춤거리거나 방향을 바꾸고 있다는 기사들이 나오고 있습니다. 어느 정도 예견은 한 일입니다만, 여러 가지 장애가 나타나고 있는 것 같습니다.

이런 장애는 왜 나타나는 것일까요? 구조적이고 근본적인 원인이 있을 것입니다. 개혁이 흔들리는 사례와 개개의 원인, 근본적인 원인 등에 관한 자료를 모아 봅시다.

〈진보주의 연구모임〉에서

노무현 대통령이 〈진보주의 연구모임〉 카페에 올린 몇몇 주제에 관한 단상이다. 〈진보주의 연구모임〉은 노 대통령이 2008년 후반부터 2009년 봄까지 많은 사람들과 공동 작업을 통해 '진보'에 대한 책자를 집필하기 위해 '사람 사는 세상' 홈페이지에 개설한 비공개 카페다.

오늘의 좋은 소식 — 이명박 대통령의 교육정책

2009. 02. 23. 11:43

교육정책은 한나라당 정권이 들어서면서 가장 큰 변화가 있을 것으로 예측되는 분야이자 가장 걱정스러운 분야이다. 무차별적인 경쟁주의, 그것도 점수 경쟁주의 정책이 도입되어 우리 교육을 망치지는 않을까 걱정을 많이 했다. 그런데 오늘 기사를 보니 이명박 대통령이 라디오 연설에서 '방과후학교'를 잘하고 있는 학교에 가서 격려를 하고, '사교육 없는 교육'을 강조하고, 대학 입시와 관련하여 이렇게 말했다고 한다. '현재와 같은 점수 위주의 선발 방식에서 벗어나야 하고 우리 대입 제도도 바뀌어야 한다', '점수는 좀 낮더라도 잠재력과 성장 가능성이 있는 학생들, 창의력과 인성을 갖춘 학생들이 입학할 수 있도록 제도를 개선해야 한다', '입시에 있어서 대학의 자율성이 최대한 존중돼야 하나 그 자율은 사교육을 조장하는 방향이 아니라 공교육을 정상화하는 방향으로 이루어져야 한다'.

한나라당 정부가 출범한 이후에는 영어 몰입 교육, 일제 고사 실시, 이런 것 이외에는 대학의 자율에 맡긴다는 막연한 정책 말고 구체적인 정책이 나오지 않아서 불안하던 차에 오늘 이명박 대통령의 발언을 들으니 그나마 다행이다 싶다. 우선 교육개혁의 핵심이라고 할 수 있는 대학 입시의 방향에 관하여 바람직한 원칙을 내놓았고, 게다가 '방과후학교'를 칭찬했다니 얼마나 다행인가? 대학 입시에 관한 원칙은 김영삼 정부 이래 참여정부에 이르기까지 일관된 원칙이므로 당연한 일이라 할 수 있을 것이나, 방과후학교는 참여정부의 핵심 전략이라서 그 운명이 무척 걱정이 되던 터였는데 일단 살아남았으니 참으로 다행이 아닐 수 없다.

다만, 몇 가지 걱정이 남는다.

첫째는 평가 방법의 문제이다. 성적에 대한 평가를 하지 않을 수는 없을 것이다. 그러나 평가의 방법이 문제다. 인성과 사회성, 창의력 등 학교생활 전반에 대한 평가를 한다면 이명박 대통령이 말한 '점수는 좀 낮더라도 잠재력과 성장 가능성이 있는 학생들, 창의력과 인성을 갖춘 학생들이 입학할 수 있도록 제도를 개선'하는 일이 가능할 것이다. 그러나 점수 위주의 평가를 계속한다면, 평가가 사교육을 조장하고, 입시 제도를 왜곡시키고, 공교육을 왜곡시키고, 결국 사회의 총체적인 역량을 갉아먹는 결과로 이어질 것이다. 이명박 대통령은 같은 연설에서 '내년부터는 완벽한 평가가 되도록 하겠다'고 하여 학력평가는 그대로 밀고 가겠다는 뜻을 분명히 했다. 꼭 틀린 말이라고 할 수 없을 것이나, 어쩐지 불안하다. 수행평가가 중심이 되고, 학력평가는 입시용 줄 세우기나 학교 간 등급 구분용이 아니라 그야말로 정책 수립을 위한 최저 또는 평균 수준을 확인하는 정도의 평가로 그 친다면 불안할 이유가 없다. 그러나 우리나라 교육 풍토가 과연 그 정도로 끝날 일이 아니니 불안한 것이다.

둘째는 우리 교육계의 문제이다. 공교육으로 인성과 창의성을 갖춘, 성장 가능성이 있는 인재를 키우고, 대학이 공교육의 평가를 수용하기까지는 넘어야 할 산이 한둘이 아니다. 중등학교 선생님들은 수행평가를 거부했다. 그리고 점수 평가마저 부풀렸다. 대학은 시험 점수 평가를 좋아한다. 내신은 믿지 않는다. 그리고 외고 출신을 좋아한다. 중등학교 선생님들은 어려운 일을 하기 싫어하고, 대학교는 시험 선수들을 뽑아서 쉬운 방법으로 일류 자리를 유지하고 싶은 것이다. 이들 산을 어떻게 넘을 것인가? 무척 어려운 일일 것이다. 그러나 한나라당이 마음먹으면 할 수 있을 것이다. 이것이 정치의 역설이다. 한미 FTA는 한나라당이 하려고 했다면 체결까지 가기 어려웠을 것이다. 반대로 교육개혁은 김대중 정부도, 노무현 정부도 하지 못했다. 거센 저항이 있었기 때문이다. 반대로 한나라당이 하려고 하면 반대가 훨씬 적을 것이다.

셋째는 한나라당과 조중동의 문제이다. 이명박 대통령의 어제 발언은 그동안 한나라당과 인수위가 했던 말들과 전혀 다르다. 방향이 정반대이다. 그들은 대통령의 말을 그대로 존중하고 따라 줄 것인가? 조중동이 해 왔던 주장과도 다르다. 그들은 대학에서 무슨 불평을 한마디 하면 대서특필하여 여론을 뒤집어 놓을 수도 있다. 과연 그들은 어떻게 나올까? 그런데 과연 이명박 대통령의 발언이 법이 될 수 있을 것인가? 공무원들은 대통령의 뜻을 따라야 하는 사람들이다. 그러나 그들은 국회의 눈치, 여당의 눈치를 본다. 언론 보도에도 민감하다. 대통령이 철학을 가지고 눈을 부릅뜨고 밀어붙여도 쉬운 일이 아니다. 그런데 대통령은 그런 확고한 철학을 가지고 있는 것일까? 혹시 누가 적어 주는 것을 보고 그럴듯하다 싶어 읽기는 했지만 그러고는 곧 잊어버리는 것은 아닐까? 더욱이 국민의 관심은 경제에 쏠려 있다. 잊어버려도 챙기고 따질 사람도 없을 것이다. 챙기고 따져도 언론이 묵살하기 어려울 만큼 큰소리를 모으지 않으면 모른 척하고 넘어갈 것이다.

우리는 교육정책에 관한 이 발언이 장차 어떻게 정책으로 현실화되는지 지켜볼 필요가 있다. 가능하다면 이 대통령의 이 발언이 정책으로 성공하도록 도와야 할 것이다.

* * *

제가 이 발언을 가지고 이야기를 하는 이유는 '민주주의 정치에서 권력은 누구에게 있으며 어떻게 행사되는가?' 하는 점에 관한 하나의 사례가 된다고 생각하기 때문입니다. 첫째는 이명박 대통령의 이 발언은 권력이 대통령에게 있는 것이 아니라 여론에 있다는 이치를 보여 주는 하나의 사례라고 보는 것입니다. 그동안의 발언들과 비교해 보면, 대통령의 철학은 이 발언 내용과는 달랐을 것입니다. 그런데 그는 왜 이런 발언을 했을까요? 일제고사에서 성적을 조작하는 사고가 나고 민심이 나빠지자 이를 무마하기 위한 과정에서 이런 발언을 하게 된 것입니다. 누가 여론을 어떻게 보고하고, 여론을 수습하는 정책으로 누가 이런 방안을 내놓았는지는 알 수 없지만, 어떻든 권력은 대통령에게 있는 것이 아니라 여론에 있다는 말을 뒷받침할 만한 사건이라 생각됩니다. 둘째, 이 발언이 앞으로 정책으로 채택되고 시행될 것인지, 아니면 흐지부지되고 말 것인지, 그 과정을 지켜보면 권력이 국회, 여당, 언론, 교육자 집단과 학교, 시민사회 등에 어떻게 분산되어 있고 그 사이에서 정책을 둘러싼 과정이 어떻게 전개되는지를 알 수 있는 좋은 사례가 될 가능성이 있다는 것입니다.

그래서 저는 언젠가 말했던 '정책과정론'의 관점에서 이 사례를 분석하고 조명하는 연구를 해 보자는 것입니다. 그렇게 많은 노력이 필요한 것은 아닐 것입니다.

이 글이 자료로서 가치가 있는 것일지는 저도 감이 잡히지 않습니다. 다만, 우리가 자료 관리를 해 보자는 취지는 어떤 사물의 개념을 설명하는 자료가 아니라 일상의 글쓰기나 토론 등의 정치 과정에서 유용한 자료를 모으고 활용하자는 것이고 보면 이런 글이 오히려 중요한 자료가 될 수 있을 것입니다.

이런 글을 자료 관리의 대상으로 삼아서 관리한다고 하면, 이 글의 검색어는 어떻게 붙이고, 분류는 어떻게 할 것인가? 이런 문제에 관한 연구가 필요할 것입니다. 그런 관점에서 이 글에 검색어를 붙인다면 저는, '이명박 대통령의 교육정책에 관한 발언', '정책 과정 또는 정책과 정치의 과정', '권력은 누구에게 있는가?' 또는 '대통령의 권력' 등이 어떨까 생각을 해 봅니다. 그리고 분류 제목을 붙인다면, 교육정책 정도가 될 것입니다. 물론 여기에도 상세한 이유 설명이 있어야 할 것입니다만, 이곳에서 본격적인 논의를 하는 것은 적절하지 않을 것 같습니다.

이 글은 누군가가 전부 또는 일부를 전재하거나 이용해도 좋습니다. 다만, 저의 이름으로 대외적으로 발표가 되어서는 안 되는 글이므로 저의 이름이 나가지 않도록 해 주시기 바랍니다.

대북 정책의 전략적 판단과 보통 사람들의 상식

2009. 03. 06. 14:07

"오늘부터 미국에서 오는 비행기가 40분이나 더 걸린답니다."

"왜 그렇게 된대요?"

"북한이 자기 나라 동해 쪽으로 우리 비행기를 못 다니게 한대요."

"왜요?"

"당신한테 물어보려고 말을 꺼냈는데, 저한테 물으면 어떻게 해요?"

한참 동안 밥만 부지런히 먹습니다.

"북한을 나라라고 말하면 안 되는데……."

"그럼 뭐라고 하지요?"

"반국가 단체라고 해야 되나?"

또 한참 말이 없습니다.

"북한이 왜 자꾸 저러지요?"

"커피 한잔 주세요."

커피를 마시면서 다시 시작합니다.

"자기들은 중국하고 소련하고 같이 훈련 안 하는데 우리는 미국

하고 같이 훈련하니까 겁이 나서 그러는 건가?"

"그럴 수도 있겠지요."

"그런데 우리는 자기들을 치려고 하는 것이 아니잖아요."

"북한은 우리가 가만히 있는데도 치겠다고 하던가요?"

"북한은 믿을 수가 없잖아요?"

"북한은 미국이나 우리를 믿을 수 있을까요?"

여기까지만 하면 보통 사람들의 수준입니다. 저는 대통령이나 지낸 사람이니 한마디 더 보탭니다.

"세계 역사에서 힘이 약한 나라가 힘이 센 나라를 먼저 친 역사가 있던가요?"

"그래도 막다른 골목에 몰리면 쥐도 고양이를 문다고 하잖아요."

"그러니까 막다른 골목으로 몰리지 않도록 해야겠지요."

"그런데 북한이 좋은 말을 안 하잖아요."

"그래서 우리도 똑같이 해야 한다는 말인가요? 이대로 계속 가면 우리는 어떻게 될까요?"

2009년 3월 어느 금요일 아침 식탁에서 저와 아내가 주고받은 대화입니다. 아주 평범한 이야기일 뿐입니다. 그런데 이 평범한 이야기를 소개하는 이유가 있습니다.

국제회의나 쌍방 외교 무대에서 국가적 지도자들이 북한 문제, 또는 안보 전략을 놓고 나누는 대화 수준에 관한 이야기를 하고자 하는 것입니다. 보통 사람들은 대북 정책이나 안보 전략이라고 하면 특별한 전문 지식과 고급 정보를 가지고 무슨 특별한 이야기를 나누는 것으로 생각하지만 꼭 그렇지는 않다는 것입니다.

저는 대통령을 지내는 동안 대북 정책에 관하여 국내외의 많은 전문가들, 그리고 지도자들과 많은 대화를 나누었습니다. 그런데 어느 경우에도 우리가 아침 식탁에서 나눈 대화 이상의 특별한 수준으로 대화를 나눈 적은 없었던 것 같습니다. 오히려 명석하다고 알려진 지도자일수록 이런 식의 대화를 좋아하고, 나 자신도 대화를 이런 수준으로 풀어 나가는 재주가 있는 것 같습니다. 그리고 지나 보면 이런 수준의 대화가 상황을 명료하게 이해하는 데 유용했던 것 같습니다.

그렇다고 대북 정책이나 안보 문제에 특별한 전문 지식이나 고급 정보가 필요하지 않다는 말은 아닙니다. 군사력은 얼마나 되고 사람들이 먹고사는 형편은 어떻게 돌아가고 있는지, 정치는 어떻게 돌아가는지 등을 분석하여 미래를 예측하는 일이나, 일상적으로 무슨 특이한 동향이 없는지 주시하고 판단하는 일은 전문가의 지식과 고급의 정보가 필요한 일입니다.

그러나 판을 크게 보고 포괄적으로 상황을 판단하고 큰 줄기로 방향을 결정하는 일에는 전문가들의 특별한 지식과 정보가 아니라 보통 사람들의 경험에서 우러나오는 상식이 중요한 것 같습니다. 그것이 세상 돌아가는 보편적 이치에 가장 가까운 것이기 때문입니다.

저는 지금 상식의 중요성을 이야기하고 있습니다. 문제는 이해관계가 달라지면 철학도 달라지고 상식도 달라진다는 것입니다. 그래서 저는 전략 수준의 안보 정책은 사려 깊은 시민의 건전한 상식을 가지고 중심을 잡아야 한다는 말을 하고자 하는 것입니다.

이 글은 정치 현안에 관한 내용이 아닙니다. 그러나 언론사 데스크들은 이 글을 이 정부의 대북 정책을 비판한 글로 만들어 버릴 것입니다. 그래서 공개 홈페이지에 올리지 않고 연구모임 마당에 올립니다.

재판에 대한 압력, 언론에 대한 압력

2009. 03. 07. 13:03

신영철 대법관이 법원장 시절 촛불사건의 재판에 관하여 판사들에게 메일을 보낸 일이 문제가 되고 있다. 판사들은 재판에 대한 부당한 간섭이라고 문제를 제기하고, 본인은 사법 행정상의 당연한 권한 행사라고 맞선다.

보도를 보면, 시비의 초점은 '과연 그것이 압력인가? 아닌가?' 하는 문제로 모아지는 것 같다. 압력이거나 아니거나 간에 판사들에게 구체적인 사건의 재판에 관하여 언급한 것 자체가 문제가 될 수 있을 것이다. 그러나 여기서는 그 문제는 덮어 두고 법원장이 그렇게 말하는 것이 재판에 대한 압력이 되는가, 그렇지 않은가 하는 문제에 관해서만 생각해 보자.

김대중 대통령 시절, 경남 창원에서 어느 방송사 지방 간부와 자리를 한 일이 있다. 무슨 이야기 끝에 그 간부가 "똑같습니다. 이 정부는 언론에 압력을 안 넣는 줄 아십니까?" 이렇게 말하는 것이 아닌가? 나는 깜짝 놀라서 "무슨 압력을 어떻게 넣습니까?" 하고 물었다. 그리고 대화는 다음과 같이 계속되었다.

"전화를 하는 거지요."

"어떤 전환데요?"

"사실이 아니다, 너무 심한 것 아니냐? 이런 전화지요."

"사후에 말입니까?"

"그렇지요."

"그러면 기사를 고쳐 줍니까?"

"잘못이 없는데 그걸 왜 고쳐요?"

"기사를 안 고쳐 주면 무슨 불이익은 없습니까?"

"불이익은 없습니다. 세상이 어떤 세상인데 정부가
언론사에 불이익을 줍니까?"

"그런데 전화가 무슨 압력이 됩니까?"

"기분이 나쁘지요."

우리는 이야기를 거기서 멈추었다. 그분은 여전히 '압력'을
불쾌하게 생각하는 눈치였고, 정부가 기사에 대하여 항의하는
것도 이렇게 대접 받는 것을 보니 권력은 이미 언론으로 넘어갔
구나, 이런 생각을 했다.

판사가 받은 메일은 언론사 간부가 받은 전화와 같은 것일
까? 다른 것일까? 앞에서 우리가 했던 것과 꼭 같은 방법으로 문
답을 해 보자. 그러면 답이 나올 것이다. 정부와 언론사 사이의
전화 문제와는 아주 다른 문답이 전개될 것이다.

'판사라면 그 정도에 겁을 먹지도 않아야 하고 눈치를 보아

서도 안 된다. 그러므로 그것은 압력이 아니다' 이렇게 말하는 것은 그야말로 당위와 사실, 사실과 논리를 혼동한 것이다.

들고일어서는 것이 득이 될 일은 없고 이런저런 부담을 감수해야 하는 일이라는 점은 판사들도 잘 알고 있을 것이다. 그렇다면 판사들이 문제를 제기하는 이유가 무엇일까? 메일의 내용만 놓고 압력이다, 아니다, 당연한 권한이다, 아니다 갑론을박할 것이 아니라 판사들이 손해를 각오하고 문제를 제기하는 이유를 먼저 찾아보는 것이 상식에 맞는 일일 것이다. 그리고 이 상식이야말로 어떤 법 이론보다 대법관에게 필요한 소양일 것이다.

남북 간 군사력 비교에 관하여

2009. 03. 09. 09:55

참고할 만한 좋은 기사가 있네요.

대통령이 되기 전에도 이런저런 안보 관계 교육이나 보고를 접할 기회가 있었는데, 그때마다 남북 간 병력의 수, 항공기, 탱크, 기타 무기의 수를 단순 비교해 놓고 우리의 군사력이 북한보다 훨씬 약하다는 도식적인 설명을 듣고는 좀 바보가 된 것 같은 기분을 느꼈던 기억이 있습니다.

대통령이 되고 나서는 이전과 좀 다른 보고를 받을 것이라는 기대를 가지고 국방부 보고를 받았습니다. 그런데 막상 보고를 받아 보니, 여전히 이전에 들었던 것과 꼭 같은 내용이었습니다.

저는 대통령을 바보 취급하는가 싶어서 불쾌한 느낌이 들기까지 했지만, 보고를 하는 사람들은 저의 그런 느낌을 눈치채지 못하는 것 같았습니다. 문제의식이 서로 달랐던 모양입니다.

저는 이런 경우를 미리 생각하지 않고 있었기 때문에 어찌할 바를 몰라 무척 당황했던 기억을 가지고 있습니다. 물론 지금 생각해 보아도 그런 경우에 대통령은 어떤 말을 해야 하는 것인지 잘 생각이 나지 않기는 마찬가지입니다.

당시에 저는 아마 '남북 간 국방비 비교가 어떻게 되는가?' '그리고 만일 실제로 전쟁이 일어났다고 가정하면 누가 이길 것 같으냐?' 정도의 질문만 하고는 대답도 듣는 둥 마는 둥 하고 어물쩍 넘어갔던 것 같습니다.

그리고 이후에 다시 보고 회의를 열어서, 실질적인 전쟁 수행 능력을 비교할 수 있는 분석 모델을 개발하여 분별이 있는 국민들이 납득할 수 있도록 보고 내용을 바꾸어 보라고, 몇 번이나 강력하게 지시를 한 기억이 있습니다. 물론 이행이 잘되지는 않았던 것 같고요. 오늘 다시 그때를 떠올리게 하는 기사 하나를 읽으면서, 대통령이 할 수 있는 일이 얼마나 되는 것인가? 세상은 무엇을 기준으로 변화하는가? 하는 생각이 듭니다. 그 기사를 추천합니다.

남-북 병력·무기 등 단순 숫자 비교 반복

종합 전투력 시뮬레이션 자료조차 "없다"

북한 육군 전차 3,900대, 남한 2,300대. 북한 해군 전투함정 420척, 남한 120척. 북한 공군 전투기 840대, 남한 490대. 최근 공개된 『국방백서 2008』에 나오는 '남북한 군사력 비교'의 일부 내용이다. 북한이 남한보다 전차는 1,600대(1.7배), 해군 수상전투함은 300척(3.5배), 공군 전투기는 350대(1.7배)가 더 많다. 누가 봐도 북한의 압도적인 우세다. 여기에 북한은 지상군 전력의 70%를 평양~원산 이남 지역에 배치해 유사시 기습을 노리고 있다. 국방부는 1988년 『국방백서』를 펴낸 이후 줄곧 남북한의 병력, 전차, 야포, 전투기, 전투함 같은 수를 비교하는 '단순 수량 비교 방식'(bean counting)으로 남북 군사력을 평가한다. 국방부 관계자는 "시뮬레이션을 통한 남북 종합 전투력 비교에 대한 자료는 없다"며 "군에서는 공식적으로 단순 수량 비교 방법을 사용하고 다른 비교 방법은 객관성과 신뢰성이 떨어져 사용하지 않는다"고 밝혔다.

하지만 질은 '묻지도 따지지도' 않고 양만 내세우는 단순 수량 비교는 한계가 분명하다. 한국전쟁 초기에 티(T)-34 전차를 앞세운 북한에 속수무책으로 당한 기억 때문에, 우리는 '1,600대나 많은 북한 전차'를 민감하게 받아들인다.

그런데 지난해 11월 국회 국방위는 예산심사보고서에서 "남북 전차 전력은 수적 열세에도 불구하고 질적으로 우리가 다소 우세하다"고 밝혔다. 북한이 보유한 3,900대 전차 내역을 보면,

T-34 62대, T-55/54 2,767대가 눈길을 끈다. T-34는 제2차
세계대전 때 옛 소련군이 사용한 전차다. T-55/54는 옛 소련이
T-34의 후속 모델로 1957년 개발해, 북한엔 1964년에 처음
도입됐다. 이 전차는 사격의 정확도가 낮고, 눈비가 오거나
밤에는 전투 능력이 떨어진다. 엔진실과 승무원실이 분리되지
않아 매연과 가스로 오랫동안 작전을 벌이기도 어렵다. 북한 전차
3,900대 가운데 70%가 2차대전과 1950년대 개발된 낡은 장비다.
북한 신형 전차는 1977년 도입된 T-62 310대, 1992년 도입된
천마호 93대 등 400여 대 정도다. 그러나 T-62와 천마호 전차는
화력과 방호력 면에서 남한의 K-1, K1A1 전차 등에 못 미친다는
평가다. 북한 신형 전차를 능가하는 K-1과 K1A1을 남한은
1,200여 대 갖고 있다.

『국방백서』는 북한이 기습 남침을 하려고 지상군 전력의 70%를
평양-원산 이남에 배치해 놓고 있다고 한다. 그럼 남한은?
한국 지상군 전력의 80%가량이 대전 이북에 배치되어 있다.
육군 병력 52만 명 가운데 충청·영남·호남 등 후방을 관할하는
제2작전사령부의 정규 병력은 3만여 명이다. 나머지 육군
병력과 전차, 화포 등 장비들은 서울, 경기와 강원 지역에 집중
배치돼 있다. 남한은 북한의 기습에 대비해, 지상군 전력을 대전
이북에 전진 배치해 놓았다고 설명한다. 지상군 전력의 대부분을
상대방의 코앞에 집중 배치해 놓은 것은 남북이 마찬가지다.
북한이 3.5배나 많다는 해군 수상전투함 숫자에도 거품이 있다.
전투함정의 진짜 능력을 알 수 있는 것은 배수량을 모두 합친 총
t 수치다. 총 배수톤수로 보면 남한이 북한보다 1.7배 우세하다.
배가 크면 미사일 등 강력한 첨단 무기를 실을 수 있고, 좀 더 높게

자리 잡은 레이더로 멀리까지 감시할 수 있다. 적을 먼저 발견해 더 강력한 화력으로 상대방을 제압할 수 있는 것이다.

남한은 최초의 이지스함인 세종대왕함(7,600t)과 4,500t급 구축함 6대 등 1,000t급 이상 함정을 40여 척 보유한 반면, 북한의 대표적인 전함은 서호급(1,640t) 등 3척에 불과하다. 북한은 연안 방어를 하는 100t 이하의 소형함 위주라서 높은 파도에 약하고 먼바다로 나가지 못한다. 야간 작전 능력도 한계가 있다.

남한보다 350여 대나 많다는 북한 공군 전투기도 실상은 다르다. 북한은 미그-29 30대, 미그-23 46대, 미그-21 170대, 미그-19 159대, 중국형 미그-21인 제이(J)-7 120대, 미그-15 35대 등을 보유하고 있다. 북한 전투기의 53%는 미그-19와 21이다. 미그-19, 21은 1950년대 개발된 전투기로 현대 항공전을 수행하기엔 낡았다.

북한 전투기 가운데 비교적 신형인 미그-29와 미그-23을 합치면 76대가량이다. 미그-29와 미그-23과 같은 등급인 에프 16은 한국이 136대 갖고 있다. 동급 첨단 전투기로 따지면 남한이 67대가량 더 많다. 또 남한이 가진 F-15K 39대는 북한 어떤 전투기와 싸워도 이길 수 있는 고성능 전투기로 꼽힌다.

합참은 지난해 10월 국정감사 때 "북한 공군 항공기 대부분이 야간 작전 능력과 정밀 공격 능력이 제한되는 반면, 한국은 고성능 항공기 면에서 우세하여 전천후 정밀 공격 능력이 앞선다"고 설명했다.

남한 군사력의 우위는 국방비에서도 확인된다. 남한은 적어도 1980년대 초부터 북한보다 더 많은 군사비를 써 왔다. 2006년 기준으로 남한의 국방비는 246억 달러다. 같은 해 북한의 국민총소득 256억 달러와 맞먹는 규모다. 이해 북한의 실질 군사비는 국민총소득 30%인 85억 달러에 그치는 것으로 국방부는 추정한다.

『한겨레』 2009년 3월 5일, 권혁철 기자

나의 정치 역정과 참여정부 5년

2부

노무현 대통령 육성 기록

퇴임을 1년 앞둔 2007년, 노무현 대통령이 퇴임 준비 작업 중에서 가장 역점을 둔
　　것은 기록이었다. 특히, 대통령 자신의 인생 역정과 정치 역정, 참여정부 5년의
　　국정 운영에 대해 스스로 평가한 것을 기록으로 남기길 원했다.

이를 위해 모두 네 차례 인터뷰를 진행했다. 1차는 2007년 9월 5일 청와대 상춘재,
　　2차는 2007년 9월 16일 청와대 상춘재, 3차는 2007년 10월 20일 청와대 관저
　　회의실, 4차는 2008년 1월 18일 청와대 관저 대식당 등에서 진행했다. 내용 중
　　일부가 편집되어 2007년 11월 11일, KTV(한국정책방송)에서 방영했고(특집
　　인터뷰 다큐멘터리 '대통령, 참여정부를 말하다'), 2008년 2월에는
　　'다큐멘터리 5부작, 참여정부 5년의 기록'이라는 제목의 DVD로 제작됐다.
　　2차 인터뷰는 『오마이뉴스』와의 인터뷰를 겸해 진행되기도 했다.

이제 네 차례에 걸쳐 진행된 인터뷰를 육성 그대로 정리해 역사의 기록으로 남긴다.
　　방송과 DVD에 담지 못한 녹취록 전체를 원문에 충실하게 정리했다. 1장은
　　인생 역정과 정치 역정에 대해 구술한 내용(2008년 1월 18일, 4차 인터뷰)을
　　2, 3장은 참여정부 5년과 한국 정치에 대해 구술한 내용(2007년 1, 2, 3차
　　인터뷰)을 정리해 주제별로 재구성한 것이다.

노 대통령은 퇴임 후, 충분한 시간을 갖고 정치 역정과 국정 운영 5년의 경험을
　　정리해 책으로 낼 계획이었다. 서거로 모든 계획은 멈춰 버렸다. 2007년의
　　이 기록이 노 대통령이 인생과 정치, 국정 운영에 대해 스스로 정리한 마지막
　　기록이 된 셈이다.

1 시대는 한 번도 나를 비켜 가지 않았다

노무현 대통령이 걸어온 길

1946년생, 그리고 가난

대체로 우리 또래 친구들이 옛이야기를 하는 걸 보면 비슷했던 것 같습니다. 다들 가난했던 시절입니다. 가끔은 특별히 나만 가난하다는 느낌을 가질 때도 있었습니다. 그래서 그때 가난했던 시절을 이야기하고 싶다가도 한편으로는 '다 아는 이야기를 싱겁게 뭘 하나?' 하는 생각이 들기도 합니다.

누님의 필통을 물려받은 이야기를 한 번 글로 썼습니다. 사실 가난을 이야기하려고 한 것은 아닙니다. 내가 염치없는 일을 했던 기억이기에 오래 남아 있는 것입니다. 당시에 신형 필통이 나왔는데 내가 가진 것은 구형이었어요. 신형을 가지고 싶은 욕심이 있었던 것입니다. 그러다 어느 날 어수룩한 친구를 꼬드겨서 서로 필통을 바꿨습니다. 그런데 그때 제가 소심했나 봅니다. 당시 친구들이 요즘 말로 치면 직권을 남용해서 힘없는 아이의 필통을 뺏었다고 저한테 타박을 주더군요. 결국 친구들 야단에 못 이겨서 도로 바꿨습니다.

많은 일들 중에서 그 일이 오래 기억에 남는 것은 조금 부끄러운 이야기이기 때문입니다. 가난했던 기억으로 그 대목이 남아 있다기보다는, 염치없는 일을 했다는 기억, 친구들한테 망신을 당했던 기억이 오래 남아서 그것을 글로 썼던 것입니다.

어쨌든 그런 문제에 대해 자의식이 강하기는 했던 것 같습니다. 대개는 그 시절을 철없이 지나가는데 저는 좀 생각이 많았던 것 같습니다. 당시 우리는 학교 뒷문으로 다니는 시골 아이들이었고 정문 쪽으로는 읍내 아이들이 다녔는데, 읍내 아이들과 시골 아이들은 차림이나 가진 물건들, 부모님들이 학교에 찾아오는 빈도, 이런 것들이 차이가 났습니다.

그런 것에 대해 제가 의식을 많이 했던 것 같습니다. 왜 그랬는지는 잘 모르겠지만, 어쨌든 그렇게 가난이라는 문제에 대해 생각을 많이 하고 그런 데 대해 자의식이 많았던 것 같습니다.

큰형님, 어린 시절의 표상

누구나 자라면서 마음의 본보기라든지 표상이 되는 사람들을 간직하고 삽니다. 돌아가신 우리 부모님들은 아주 평범하신 분들이셨지만, 큰형님은 당시만 해도 시골에서 남다르게 보이는 그런 사람이었습니다. 대학교도 가고 학교에서 교편도 잠시 잡았으니 우리 시골에서는 보기 어려운 인텔리라고 할 수 있었습니다. 그러니까 저로선 자랑스러웠겠지요? 그래서 큰형님을 항상 마음속에 담아 두었습니다.

형님하고 대화를 하면서 많은 자극을 받았습니다. 형님과 친구들 간의 대화를 엿듣기도 하면서 자극을 받아 시골 아이치고는 다른 아이들에 비해 그런 학구적인 환경을 조금 일찍 접하게 된 편이지요. 오랫동안 형님의 영향을 많이 받았어요. 그래서 형님 이야기를 많이 했던 것이 아닌가 싶습니다.

당시 형님 또래들 가운데 대학생은, 우리 마을뿐 아니라 인근 여러 마을을 통틀어 형님 혼자뿐이었습니다. 어머니는 늘 그것을 자랑스러워하셨습니다. "어느 어느 마을에서 대학생은 하나뿐인데 그게 내 아들이다"라는 식으로 이야기를 많이 하셨지요. 그런 모습이 저에게 깊이 각인되기도 했습니다. 그래서 큰형님이 마음속에 큰 자리를 차지하게 된 것입니다.

형님이 대학교에 입학할 때 그 등록금을 마련하기 위해 우리가 살던 집을 팔았습니다. 지금 우리 생가 터에 있던 세 칸 집하고 대지 1,000평인데, 시골 땅이라 얼마 되지는 않았지만 그걸 팔았습니다. 그 일이 굉장히 강한 인상으로 남아 있습니다. 그랬지만 결국 집안 형편도 좋지 않고 형님 역시 끝까지 공부를 할 형편이 아니었는지 중도에서 그만두었습니다. 사정이 좀 있었을 것입니다. 당시는 대학을 나와도 쉽게 취직이 되지 않는, 아주 어려운 시절이었기 때문입니다.

제가 어릴 때에는 '돈' 이야기보다 '빽' 이야기를 많이 들었습니다. 우리끼리 놀다가도 무슨 일이 있으면 "너 빽 좋구나?" 하고 어른들도 아들이 친구를 때리거나 하면 "너 빽 좋냐?" "나쁜 짓 하고도 아무 탈 없을 만큼 빽이 있냐?"라며 예사로 '빽! 빽!' 이야기를 할 만큼 빽이라는 것을 간절히 소망하던 시절이었습니다.

그래서 아직 아무것도 갖추지 못한 젊은 사람들은 상당히 고통스러워하거나 방황하던, 그런 시절이 있었습니다. 그 때문인지 사람들이 만나면 현실에 대해 비판하는 이야기들을 많이 했던 것 같습니다. 당시 형님 친구들은 대개 고시 공부를 하는 사람들이었으니 시국에 대한 이야기가 자연히 많았겠지요. 그래서 저도 조금은 그런 영향을 받았을 것입니다. 결국 이런 분위기 때문에 어릴 때부터 비판적인 시각이나 생각을 자연스럽게 가지게 된 게 아닐까 생각합니다. 형님은 그렇게 제 인생에서 많은 부분을 차지하게 된 것이지요.

글짓기 반항 사건

주위 사람들에게 말이나 글로 많이 했던 이야기입니다. 또 하려니 쑥스럽긴 하지만 다시 한 번 하겠습니다.

제가 초등학교 졸업반이 될 즈음엔 시골에서도 이승만 대통령을 독재자라고 비판하는 것이 보편적이었습니다. 다들 그렇게 이야기하고, 현실의 문제점에 대해 '자유당 독재 때문이다'라는 말을 했습니다. 실제로 우리 친구들 사이에서도, 힘센 아이가 애를 때려 놓고는 '왜 때리냐?'고 물으면 '난 자유당이다!' 이랬습니다. 아이들한테도 그런 농담이 퍼져 있을 만큼 자유당이란 존재가 원성의 대상이었죠.

그런 시절을 지냈는데, 중학교 1학년을 마칠 즈음인 2월 말에서 3월 초 무렵 학교에서 '우리 이승만 대통령'으로 글짓기를 하라는 것입니다. 이승만 대통령 생신이 3월 26일이거든요. 그해가 아마 86회 생신인가 그랬을 겁니다.

사실 이것은 제가 외우고 있던 것이 아니었는데, 당시 학교에서 글을 뽑아 상도 주겠다고 해서 기억에 남아 있습니다. 86회 생신 과제일 겁니다. 그런데 대체로 아이들도 이 과제를 놓고 "선생님이 선거운동 하는 거 아니냐?"며 쑥덕쑥덕했어요. 그런 분위기가 아니었으면 제가 백지를 내자고 이야기할 수는 없지요.

제가 돌아다니면서 아이들한테 "내지 마라! 내지 마라!" 했습니다. 그런데 아이들은 원래 글쓰기를 싫어하잖아요. 아마 가장 어려운 게 글쓰기일 것입니다. 그래서 '내지 말자!'는 선동이 먹힌 겁니다. 많은 아이들이 안 냈어요. 어차피 쓰는 것도 싫었는데 공부 잘하는 친구가 '하지 마라!' 하니까 여기저기서 호응한 것입니다.

그런데 안 내었으면 그만인데 저는 반항하는 이미로 제목을 '이승만 택통령'으로 쓰고는 내용을 백지로 냈습니다. 여선생님이 오셨는데 제 행동이 기가 막혔는지 울고 가셨습니다. 나중에 교무주임 선생님인가 지도부 주임 선생님이 오셔서 교무실로 잡혀갔습니다.

교무실에 가니 "왜 그랬냐?"고 자꾸 묻는데 제가 뚱딴지처럼 불쑥, "우리 형님하고 사람들 이야기를 들어 보니 이승만 대통령이 독재자라 합니다"라고 답을 해 버렸습니다. 선생님이 기가 막혀서 억장이 무너지는지 저보고 꿇어앉아 있으라고 하셨습니다.

꿇어앉아 있었는데 그전까지는 잘못을 해서 벌을 서게 되면 조금 지나서 풀어 주었습니다. 그런데 한 시간이 지나고 두 시간이 지나도 안 풀어 주고 점심시간이 되어도 계속 안 풀어 주는 겁니다. 그날은 마침 조병옥 박사가 미국에서 돌아가신 날이었습니다. 그렇게 꿇어앉아 있는데 교감 선생님과 선생님들이 신문을 보면서 "역시 이 박사님, 운은 타고난 사람이야. 하늘이 내신 분이야"라면서 조병옥 박사가 돌아가신 것을 기뻐하는 듯한 말을 했습니다.

교무실에 있는 선생님들이 모두 그 말에 찬동을 했는지는 모르겠습니다. 아무튼 교감 선생님이 그렇게 말씀하시니, 안 그래도 꿇어앉아 있는 게 억울한데 자꾸만 반감이 생기는 것입니다.

그래서 잘못했다는 소리도 하지 않고 그 자리에서 도망을 갔습니다. 화장실 다녀오겠다고 일어서서는 집으로 와 버렸습니다.

그런데 "왜 책가방도 안 갖고 집에 왔냐?"고 형님이 물어서, 억울한 김에 그날 학교에서 있었던 이야기를 형님에게 다 했습니다. 그런데 "잘못한 게 없으면 끝까지 버티고 와야지, 왜 도망을 오냐?"고 되레 야단을 맞았습니다. 아마 형님의 생각은 '쓰라면 잘난 척하지 말고 쓰든가, 그게 아니고 싸우려면 끝까지 싸워야지, 도망쳐 온 것은 비겁하다'는 뜻인 것 같았습니다.

다음 날 학교에 갔습니다. 가기 싫은 학교를 가려다 보니 빈둥빈둥 갈지자걸음으로 갔습니다. 지각을 했지요. 그런데 그날은 여러 명이 지각을 했는데 지도부 선생님이 다른 아이들은 다 보내 주고 저만 따라오라고 하더니 반성문을 쓰라는 것입니다.

지도부 주임 선생님 사택에 가서 반성문을 쓰는데 글이 나오지 않더군요. 그래서 요즘으로 치면 경위서만 쓰고 반성문을 쓰지 않았습니다. 결국 나중에는 선생님이 안 되겠다 싶었는지 그만 풀어 주었습니다. 그러고는 교무실로 데려가면서 다른 선생님들에게 저를 가리키며 "이 조그만 놈이, 공부 좀 잘한다고 우월감이 굉장한 놈이야"라고, 그렇게 이야기를 했습니다.

그때 저는 우월감이란 말의 뜻을 몰랐습니다. 그래서 '내 성격이 우울한가?' 하는 그런 생각만 했습니다. 사건은 그렇게 마무리되었는데 그해 4·19가 일어나면서 아주 인상적인 기억으로 남게 되었습니다. 그 사건이 제가 정치 활동을 하는 것에 영향을 주었는지 잘 모르겠지만, 아무튼 어린 시절부터 제 뼈가 조금 센 편이었나 봅니다.

4·19와 5·16의 기억

4·19는 주로 신문이나 사람들의 이야기로 전해 들었는데 한번은 생생한 모습을 본 적이 있습니다. 학교에 가니 국도 변에서 트럭에 사람들이 가득 타고 가는데 어떤 사람들은 머리에 흰 띠를 두르고, 어떤 사람들은 긴 몽둥이를 들고 있었습니다. 또 버스 탄 사람들이 창문을 열어젖히고 가는 모습도 보였습니다. 그렇게 부산에서 마산으로 가는 국도에 사람들이 마구 지나가는 모습이 보였는데 그것이 저의 눈으로 본 4·19였습니다.

사실 시골에서의 4·19 이야기는 학교에 가면 아이들 사이에서 이러니저러니 하고 전해 듣는 수준이었습니다. 라디오가 있는 집은 라디오로 들은 이야기를 전해 주고, 또 어떤 친구들은 신문을 학교에 가져오기도 했습니다. 그렇게 4·19를 경험했습니다. 얼마 뒤에는 고등학교 선배들이 중학생인 우리들을 운동장에 모이라고 하더니 '동맹휴교'를 선언하면서 집에 가라고 했습니다. 그런 정도였습니다.

4·19 이야기도 기억이 나는 것이 따로 있습니다. 4·19 이후에 당시 교감 선생님이 우리 반 교실에 오셔서 도덕과 특강을 했습니다. 도덕 선생님이 그날 출근을 못해서 그랬던 것 같습니다. 아무튼 교감 선생님은 큰 칠판에 분필로, 'government of the people, by the people, for the people!' 이렇게 써 주셨습니다.

교감 선생님이 그런 글을 쓰자 저는 충격을 많이 받았습니다. 그래서 '저것은 이승만의, 이승만에 의한, 이승만을 위한 정치'라고 해석을 하면서 친구들과 떠들다가 선생님과 눈이 마주쳐서 한참 긴장을 하기도 했습니다. 솔직히 '이승만 대통령은 하늘이 내신 사람'이라고 이야기하던 분이 민주주의의 경구를 영어로 칠판에 쓰신 것인데, 말이 안 되는 상황이었습니다.

다른 아이들은 그게 무슨 말인지 몰라서 어리둥절하고 있었지만 저는 우연한 기회에 그 문구를 알게 되어서 외우고 있었습니다. 그래서 친구들에게 그렇게 이야기하다 선생님에게 걸려버린 것입니다. 두고두고 잊히지 않는 기억입니다. 그런 사건들은 어쩌면 그 후 정치를 하는 동안 저에게 계속 자극을 주어 왔던 기억이라고 할 수 있습니다.

5·16에 대한 기억도 있습니다. 3학년이 되어서 두 번째 부일장학생 시험을 치르기 위해 부산에 갔더니 시내 도로에 탱크가 나와 있고 군인들도 서 있었습니다. 제가 직접 눈으로 본 5·16입니다. 그리고 4·19처럼 여러 사진과 자료들을 통해서 5·16을 경험했는데 대체로 저나 또래 친구들은 5·16을 지지하지는 않았습니다. 그러나 그런 것과 상관없이 세상은 또 그렇게 굴러가더군요.

5·16 하면 가장 크게 남아 있는 기억이 있습니다. 우리 마을과 이웃 마을에는 6·25 당시 보도연맹 사건으로 죽은 사람이 많이 있었습니다. 4·19 이후 마을 사람들이 집단으로 학살당한 이들이 묻힌 곳에서 시신을 다시 거두었습니다. 우리 마을에도 그 사람들의 가족들이 있었는데, 다녀와서 하는 말이 신원을 확인할 만한 아무런 근거가 없다는 것입니다. 어떤 사람들은 치아로

또 어떤 사람들은 옷 단추를 가지고 확인을 하는데 대다수는 도저히 찾을 수가 없다는 것이었습니다. 그 뒤에 뼈의 주인을 하나하나 구분할 수가 없어서 결국 큰 무덤을 하나 만들어 합장하고 합동 위령제를 지냈습니다.

김해에 있는 이모님 댁이나 누님 댁에 버스를 타고 가다 보면 오른쪽에 큰 묘가 하나 있었습니다. 바로 그 묘입니다. 그 묘지를 보면서 그 일을 떠올리고는 했는데 5·16이 일어난 뒤에 누군가 그 묘를 파헤쳐 버렸습니다.

쌓아 올렸던 견칫돌[間知石]들을 모두 뽑아 이리저리 팽개치고 묘의 봉분까지 다 파헤쳐 버렸습니다. 봉분만 파헤친 것인지, 아니면 뼈까지 꺼내 어디로 흩어 놓았는지는 모르겠습니다. 아무튼 부마국도 변, 버스에서 볼 때 20~30미터 떨어져 있는 그곳을 다 파헤쳐 놓은 것입니다. 당시 어린 생각으로도 묘의 봉분을 파헤친다는 것은 아주 끔찍한 느낌을 주었습니다. 엄청난 일이었습니다. 그것이 5·16에 대한 기억으로 저에게 남아 있습니다. 그런 것이 5·16의 실체입니다.

지금도 박정희 대통령 이야기를 하게 되면 그 일이 머리에 떠오릅니다. 저 역시 박 대통령에 대해서는 공과 과를 따로 평가해야 한다고 하다가도, 당시 파헤쳐진 묘의 모습이 떠오르면 '어떻게 공을 이야기할 수 있겠는가?' 하며 생각이 바뀌어 버립니다. 증오감 같은 것입니다. 판단 이전에 증오감 같은 것이 있어서 박정희 대통령에 대해서는 아무리 생각해도 좋은 평가를 할 수 없습니다.

또 하나 기억나는 것은 부일장학회입니다. 저도 부일장학생이 된 적이 있지만, 당시만 해도 그런 장학회를 하는 예가 드물었습니다. 그래서 부일장학회를 운영하는『부산일보』사장에 대해서 상당한 존경심을 갖고 있었습니다. 그런데 5·16이 일어난 이후에 그분이 재산을 다 빼앗겨 버렸습니다. 부일장학재단이 모두 5·16장학재단으로 넘어간 것입니다. 법적인 과정이 어떻든 그렇게 되었습니다.

당시 형님한테 들었던 기억이 납니다. 거사 자금을 대 주지 않았다고 군사 쿠데타 세력이 보복을 했다는 것입니다. 해외여행을 하고 돌아오는 사람의 반지를 밀수품으로 몰아서 구속한 다음 재산을 다 빼앗았다는 것입니다. 그렇게 들어서 기억하고 있었습니다.

그런데 오늘날까지도 증거가 없어서 아니라고 합니다. 국정원에서 공식적으로 조사를 했는데 확실한 증거는 없지만 그렇게 추론된다는 결론을 냈습니다. 우습기도 합니다. 사실이라는 것을 증거로 확인하는 과정에서 근거가 없었던 수많은 일들이 있었습니다. 그것이 우리들의 지난 세월이었습니다. 그것이 5·16의 본질이 아닐까 싶습니다.

정치를 해 오면서 줄곧 정수장학재단은 주인에게 되돌려 주거나 아니면 사회로 환원해야 된다고 생각했습니다. 물론 지금도 비영리 공익 재단이긴 하지만 누가 운영하는가의 문제가 매우 중요한 의미를 갖기 때문입니다. 저는 그 장학 재단이 '장물'이라고 생각합니다. 그것을 돌려주어야 우리 사회의 정의가 실현되고 역사가 바로잡힌다고 생각하면서 정치를 해 왔습니다. 상당히 중요한 목표로 생각해 왔습니다.

대통령이 된 후 그것을 돌려줄 방법을 백방으로 모색해 보았습니다. 합법적인 방법이 없더군요. 또 저와 같은 생각을 가진 사람들이 여론을 환기해 보려고 했는데 그것도 쉽지 않았습니다. 정수재단의 실질적인 주인이 야당 대표로 있다 보니 잘못하면 야당 탄압이란 말이 나올 수도 있고 또 합법적인 수단도 마땅치 않아 어쩔 수 없는 상황이 되었습니다.

세상이 많이 바뀐 것입니다. 다만 바뀌긴 바뀌었는데 이상하게 바뀌었습니다. 군사정권 시절에는 남이 가진 것을 강탈할 수 있는 권한이 있었는데, 지금의 정부는 장물을 되돌려 줄 권한도 없는 것입니다. 세상이 바뀌는 과정에서 과거사 정리가 제대로 안 된 채 권력만 민주화되면서 힘이 빠져 버리니까 기득권 가진 사람들, 특히 부당하게 기득권을 누리고 있는 사람들에게는 오히려 좋은 세상이 되어 버렸습니다.

억울한 일이지만 그것이 우리 역사의 한계라고 생각합니다. 정수재단 건만이 아니라 지난날 역사의 피해를 입었던 많은 사람들의 피해가 다 복구될 수 없습니다. 그래서 제가 가끔 '역사는 물릴 수 없는 것'이라고 말하는 것입니다.

'과거사 정리라는 것을 어디까지 해야 하나?' 하면서도 논리적으로 그 한계를 긋기가 어렵고 또 역사의 새로운 기준을 세워 나가는 데 필요한 만큼 '판단이라도 하고 넘어가자, 하다못해 이름표라도 갈아 붙이자!' 하는 그런 것이 역사 정리가 아닌가 싶습니다. 하지만 지금도 저렇게 장물이 그냥 남아 있고 그 주인이 정권을 잡겠다고 하는 상황까지 용납하고 받아들이려니 무척 힘이 듭니다.

말하자면 아무리 역사는 되돌릴 수 없다 해도 우리가 이런 상황까지 받아들여야 하는 것인가, 하는 문제입니다. 박정희 대통령에 대한 평가가 높이 이루어지고 있어서, 역사 정리라는 것도 더욱 한계가 있을 수밖에 없습니다.

몇 년 전 독일의 라우 대통령이 퇴임사에서 '60년 전 히틀러 정권의 만행, 그것을 지금 독일 국민들이 점점 잊고 있다. 그것을 우려한다. 기억하자!'고 경고하는 것을 보며 공감하는 바가 많았습니다. 5·16이라는 것이 저에게 그런 의미를 가지고 있습니다. 왜 사람들이 쉽게 잊어버리는지 모르겠습니다.

개척 시대, 개발 시대

1966년에 울산 막노동판에 갔습니다. 제가 울산에 갔을 당시 3비 (영남화학)는 완성이 되어 있었고, 5비(한국비료)를 짓고 있었습니다. 그 밖에도 석유화학 단지를 건설하고 있었습니다. 우리로서는 처음 경험하는 것이었습니다.

대부분의 사람들이 그곳에 가면 돈을 번다는 생각을 하는 분위기였습니다. 진영 쪽 또래 친구들도 '논매기를 빨리 끝내고 울산에 돈 벌러 가자!'는 이야기를 했습니다. 김매기가 끝나면 가을 추수 때까지 약간의 공백이 있었습니다. 그때 울산에 많이 갔는데, 저도 친구들과 어울려서 가게 되었습니다.

그때는 제가 사법 및 행정요원 예비시험을 준비하고 있던 시기였습니다. 시험을 준비하고 있어서 필요한 책을 더 사야 하는데 돈은 없고 해서 공사장에 가서 책값을 좀 벌려고 했던 것입니다. 그런데 한 푼도 못 벌었습니다. 처음에는 밥값도 못했습니다. 결국 밥값을 떼어먹고 도망쳐 왔는데, 두 번째는 가을에 가서 돈을 좀 모았습니다.

돈은 모았는데, 그만 다쳐 버리고 말았습니다. 전봇대처럼 생긴 나무를 뽑다가 맞아서 병원에 입원을 했는데 정신을 잃었습니다. 깨어나니 치료비가 제일 큰 걱정이었습니다. 그런데 나중에 알고 보니 산재가 적용이 된다는 것입니다. 그때 산재를 처음 알게 되었습니다. 처음 갔다가 도망쳐 나오고 나서 두 번째로 또 가기 전에 예비시험 공고가 나서 시험을 치렀는데, 그 합격 발표를 병원에서 보게 되었습니다. 1966년의 일입니다.

그때 일당이 180원이었습니다. 공사장에 가면 '함바'라는 합숙 식당이 있습니다. 저도 거기에 들어가 있었습니다. 밥 한 끼에 35원 했는데 180원에서 105원 밥값을 빼면 나머지가 남는 돈입니다. 담배도 사서 피워야 하고 가끔 군것질이라도 하면 거의 남는 게 없습니다. 우리가 갔을 때는 막노동을 하러 사람들이 많이 오던 시기였습니다. 그 대신 농번기가 되면 일할 사람이 줄어들어 일당이 올라갑니다.

가끔은 돈내기(공사를 할 때, 일정한 분량의 일을 단위에 따라 품삯을 미리 정하고 하는 것)가 있습니다. 다른 말로는 뭐라 하는지 모르겠는데 시간으로 따지지 않고 일하는 양으로 노임을 지급 받는 방식입니다. 저는 돈내기로 재미를 보기도 했습니다. 그것으로 돈을 벌었다는 사람도 있었습니다. 두 번째 갔을 때는 일당이 220원으로 올라 있었습니다. 저녁에 나가서 일하면 60원을 더 받아서 280원을 받았습니다. 당시로서는 큰돈이었습니다. 그래서 두 번째 갔을 때 5,000원 정도를 모았는데 그때 사고가 난 것입니다.

사법시험 이야기

어린 시절에는 우리가 아는 세계라는 것이 학교 선생님, 읍장, 지
서장, 그다음에 군수, 지사 등입니다. 그 외에는 특별히 없습니
다. 나머지는 혹시 책에 이름이 나오더라도 우리와 별 관계가 없
는 사람들이라고 생각했습니다.

그런데 형님이 고시 공부를 하고 있었으니 자연스럽게 판사
라는 직업을 알게 되었습니다. 당시만 해도 모두들 '빽'을 이야기
하던 시절이어서, '빽' 없는 사람이 출세할 길이라고는 시험밖에
없었습니다. 그래서 공부 좀 한다는 사람들은 대부분 고시 공부
를 한 번씩 해 봤을 것입니다.

요즘에는 아이들에게 소망을 물어보면 과학자부터 스쿠버
다이버까지 정말 다양합니다. 그러나 우리가 클 때는 그렇지 않
았습니다. 대부분 관직을 이야기했습니다. 공부를 잘하는 사람
들은 고시를 많이 생각했는데, 특히 저는 형님이 고시 공부를 하
고 있었기 때문에 꽤 영향을 받았다고 할 수 있습니다.

고시 공부를 시작했는데 예비고사만 보고 군대를 다녀왔습
니다. 그러고는 다시 시작했는데 모두 4년 정도 공부를 한 셈입
니다. 1971년도 1월 21일에 제대를 했는데 그때부터 시작해서
1975년도 1월에 시험을 봤고 합격 발표가 4월 20일에 있었으니
까요. 꼭 4년 걸렸습니다. 그동안 생활비는 시골에서 형님이 농
사도 하고 또 외부 직장도 다니고 있었고, 어머니가 농사를 짓고

하셔서 거기에 얹혀살았습니다. 그렇게 살면서 공부도 하고 결혼도 하고 아이도 낳고 하면서 합격을 했는데, 생각해 보면 조금 힘들긴 했습니다.

처음에 시험을 생각할 때는 고시에 붙으면 판사를 하는 것으로 알고 있었습니다. 점차 검사도 있고 변호사도 있다는 것을 알게 되었지요. 한때는 검사를 해 볼까 하는 생각도 했는데 연수원을 다니면서 변호사가 좋겠다는 생각이 들었습니다. 그래서 저는 그냥 개업을 하려고 했는데 집에서 반대를 강하게 했어요. 하는 수 없이 판사 발령을 받았습니다.

당시만 해도 판사는 벼슬인데 변호사는 벼슬이 아니다 보니 집에서 낙망을 한 점도 있었습니다. 또 장인 문제로 연좌제에 해당될 수도 있는데 내가 변호사를 개업하겠다고 하니 어머니와 가족은 그쪽에 혐의를 두면서 "그것 때문에 발령을 못 받느냐?" 고 자꾸 다그쳤습니다. 그래서 그게 아님을 증명하려고 판사 발령을 받아 7개월을 일했습니다. 연좌제가 아니라는 것이 증명되니 집안 분위기도 괜찮아졌습니다. 나중에 알아보니 이미 돌아가신 분과 관련해서는 연좌제를 적용하지 않는다고 했습니다. 우리만 그것을 몰랐던 것입니다.

결혼, 장인 그리고 연좌제

결혼할 때 반대가 있었습니다. 어느 한쪽이 아니라 양가에서 모두 그랬습니다. 저희 집에서는 '합격을 해도 연좌제 때문에 발령을 못 받을 수 있는데 왜 무리를 하냐?'며 반대를 했고, 장모님 역시 대학교도 안 나온 친구가 고시 공부하는 것을 황당하게 생각하여 반대가 있었습니다. 양가 모두 자신들은 반대하면서도 상대 집에서 반대한다는 이야기를 들으면 '자기들이 뭔데 반대하냐?'며 감정도 생겨났습니다. 그래서 싸움도 많이 하고 시끄러웠는데 결국 두 사람이 결혼을 하겠다고 우기니까 하기는 했습니다.

저는 사실 결혼하기 전만 해도 장인에 대한 이야기를 잘 몰랐습니다. 예전에 면사무소 서기를 했다는 것과 친구 분들이 많았다는 것, 해방 이후에 좌익 운동에 가담했다는 것 정도로 알고 있었습니다. 좌익 운동을 조금 하시다가 돌아가신 정도로만 알고 있었는데, 선거운동을 하는 과정에서 사람들이 자세하게 가르쳐 주어서 6·25 당시 인민군이 내려올 때 면 책임자였다는 사실도 알게 되었습니다.

연좌제에 걸리면 시험에 붙어도 취직을 못하게 되는데 당시의 저에게 상당한 저항감을 갖게 하는 제도였습니다. 그것 때문에 취직을 못한다는 이야기도 결코 받아들일 수 없었지만, 특히 그것 때문에 서로 좋아하는 사람들이 결혼을 못한다는 것은 더욱 받아들일 수 없었습니다. 지금 와서 돌이켜 보면 '어떻게 할까?' 하고 걱정하는 문제가 아니라 도저히 이해가 되지 않아서 저항감을 가진 문제였습니다. 그래서 '고시만 보고 판사는 안 하면 될 것 아닌가?' 하고 딱 잘라 결정을 했습니다.

지금은 이 일을 두고 사람들이 아내에 대한 극진한 사랑으로 해석하는데, 사실 그 이상의 것이 있었습니다. 거듭 말하지만 저는 부조리라고 판단했기 때문에 절대 받아들이지 않겠다는 생각이 강했습니다. 그래서 고시만 하고 판사는 하지 않겠다는 배짱이 나왔던 것입니다.

어쩌면 그때부터 고시라는 것이 단순한 생계의 문제가 아니고 승부의 문제가 되었는지도 모르겠습니다. 그게 아니면 사랑에 눈이 멀었던 것이겠지요. 결국은 둘 중 하나인데, 일단 대단히 큰 저항감을 가지고 있었던 것이 맞기는 한데, 그것 또한 서로 좋아하는 연애 감정의 일부였을지도 모르겠습니다. (웃음)

판사 생활, 변호사 생활

판사 생활을 돌이켜 보면 특별히 나쁜 판사도 아니었지만 그렇다고 우수한 판사도 아니었던 것 같습니다. 일단 판결문을 잘 쓰지는 못했던 것 같습니다. 제가 판결문을 쓰면 부장님이 많이 고쳤습니다. 그렇게 판결문도 조금 시원찮았고 당시에는 특별한 자각도 없었습니다. 변호사들이 밥이나 술을 사 주면 얻어먹으면서 어영부영 지낸 판사라는 생각이 듭니다.

　판사 생활은 따분하고 단조로웠습니다. 무엇보다 스스로 뭔가를 찾아서 할 수 있는 것이 없었습니다. 공부를 잘하고 연구도 많이 해서 학식이 높은 판사가 될 수도 있겠지만 그 외에는 스스로 할 수 있는 일이라기보다는 가져다주는 일을 해야 하니까요. 발전이 없어 보였습니다. 사실 그것도 중요한 일이기는 하지만 당시에는 나이가 젊어서 그런지 대단히 귀한 일이라기보다는 따분한 일이라는 생각이 많이 들었습니다. 그래서 무엇이든 내가 찾아서 할 수 있는 일을 해 보자는 생각으로 변호사를 개업한 것입니다.

　고시에 합격하고 변호사를 하면서는 특별히 잘난 척하거나 위세 있게 살지는 못했던 것 같습니다. 항상 미안한 마음이 있었습니다. 적어도 준법을 하면서 살겠다는 생각은 했습니다. 그러면서 법대로 살았습니다.

　변호사를 하다 보면 변호사들 간에 부당한 경쟁도 있고 변호사 업계 자체의 문제들이 있습니다. 그것은 개인의 문제가 아니고 모두가 함께하는 집단의 습관과 관련한 문제입니다. 그런 문제를 바로잡으려고 했습니다. 예를 들면 교도소에 구속된 사람을 불러다가 사건을 맡기라고 종용을 하는 문제입니다. 또 재판 과정에서 피고인들의 권리를 법대로 지켜 주는 것입니다. 당시에는 묶어 놓은 채 재판을 하면서 마구 욕설을 하는데도 변호사가 제지해 주지 않았습니다. 또 법정에서의 변호사 지위 등에 관해 계속 문제 제기를 하면서 연명(連名)을 하고 도장을 받으러 다니는가 하면 조사위원회를 만들어 직접 조사를 해 보려는 노력도 했습니다.

그때도 부조리에 관해 관심이 있기는 있었던 것 같습니다. 그러던 것이 1980년대에 신군부가 들어서고 자연스럽게 민주주의 운동하는 젊은 사람들과 접촉이 이루어지면서 조금씩 진화되어 온 것 같습니다.

부림사건, 인권 변호사

1979년 10월 부마항쟁 당시는 특별한 무엇이 없었던 것 같습니다. 우리 사무장이 '병원에서 학생들 입원을 받아 주지 않는다'고 분개하는 정도의 분노였습니다. 계엄이 선포되어 있는 시기였지만 술타령도 여전했고, 그러다가 통금에 걸리면 어디에 전화해서 빠져나오고, 그런 모습들이 있었습니다.

결국은 부림사건과 같은 충격적인 사건을 접하면서 '그냥 양심적으로 살면 된다는 수준의 문제가 아니로구나!'라는 것을 느끼게 된 것입니다. '나쁜 짓 하지 않는다, 법을 어기지 않는다' 같은 수준의 양심에 관한 문제가 아니었습니다. 권력의 범죄에 대해 매우 충격적인 상황을 알게 된 것입니다.

당시 잡혀간 학생들의 범죄 사실이란 것이 너무나 터무니없었고 범죄가 될 수 없는 사건이었습니다. 그것을 자꾸 옭아매었습니다. 그 가운데 한 학생은 57일 동안이나 가족이 그 행방을 몰랐습니다. '영장 없는 구속'의 수준이 아니라 가족이 아예 행방을 모르고 있었습니다. 가족들은 예전 3·15부정선거 당시의 김주열 씨처럼 혹시 죽임을 당해 영도다리 밑에 빠뜨려졌나 싶어 아들의 시신을 찾으러 바닷가를 헤매고 다녔습니다.

충격이었습니다. 어머니가 아들을 찾으러 57일 동안 산속을 다니고 풀밭을 헤맨 것입니다. 변호사랍시고, 헌법이 어떻고 법률이 어떻다며 이야기하고 있다는 것이 무색하고 죄스러웠습니다.

그러는 사이에 대학생들 변론도 하고 또 데모도 하면서 조금씩 나가다 보니 나중에는 구호도 제법 외치고 시위도 하고 그렇게 되어 있었습니다. 생각이나 행동이 발전한 것이지요. 그러는 동안 사는 방법도 바뀌기 시작했습니다. 사실 풍족하고 넉넉하게 살았던 것은 아니었지만 소비 지출도 줄이고, 사건을 수임할 때 주는 커미션도 없애는 등 점차 그렇게 변해 갔습니다. 저부터 약점이 없어야 했기 때문입니다. 털어도 먼지가 안 나오게 하려는 것이지요. 1981년부터 1984~1985년까지 그렇게 생활을 바꾸어 갔습니다. 그러다가 1986~1987년이 되면서 아주 깊이 들어가게 되었습니다.

제가 처음부터 조세 전문 변호사가 되었던 것은 아닙니다. 싸움을 하러 다니기 위해 시간을 내려고 사건을 줄이는 과정에서 그렇게 된 것입니다. 다른 사람들에게 사건을 맡기다 보니 조세 사건만 남은 것입니다. 당시만 해도 조세 사건은 대구고등법원에서 하는 것이어서 일주일에 하루만 법정에 나가면 되었습니다. 그래서 노동·시국 사건과 조세 사건, 크게 두 가지만 했습니다. 노동 사건은 서비스였고, 조세 사건은 어쨌든 저도 먹고살기 위해서 했습니다.

노동법률상담소를 만들어 놓았는데 또 환경 문제와 관련해서 도움을 요청해 와 거기에 공간을 주었더니 사무실의 거의 절반이 운동 단체에게 나가 버려 나머지 절반으로 변호사 업무를 했습니다. 그러다 점차 운동이 본업이 되었습니다.

조세 사건은 조금씩만 해도 생계가 해결되었습니다. 저축도 조금 했지요. 결국 이렇게 되어서 운동 전문 변호사가 된 것입니다. 1987년 1월 박종철 씨 사건이 나고 그때부터는 경찰서를 들락날락하면서 붙잡혀 다니기 시작했습니다. 그러다 6·10항쟁이 일어났고, 8월에는 노동자 대투쟁 당시 대우조선 이석규 씨의 장례식에 갔다가 이상수 변호사는 통영에서 구속되고 저는 부산에 와서 구속이 되었습니다. 그때는 6·29 이후인데도 잡아가더군요. 그 사건으로 재판을 받고 11월에 변호사 자격이 정지되었습니다.

그러자 변론을 다닐 수가 없게 되었습니다. 업무 정지를 당해도 상담이나 서면 작성은 해 줄 수 있기는 했습니다. 하지만 제가 원래 서면 작성 일을 하면서 뒷바라지해 주는 변호사이기보다는 앞에 나가 싸우는 전문 변호사여서 많이 불편했습니다. 그래서 직무가 정지되었던 것이 국회의원을 하게 된 결정적 계기가 되었던 것 같습니다. 그래서 한때는 제 스스로 '경찰 공천 공무원'이라고 말하기도 했습니다.

정치로 들어가는 길

처음 정치를 시작할 당시에는 '우리 사회의 민주화'라는 일반적인 인식이나 의지도 물론 있었지만, 좀 더 구체적으로는 노동자들에 대한 지원 활동을 자유롭게 할 수 있는 신분을 취득하려던 목적도 있었습니다. 변호사로서 변론 활동을 통해서 지원을 하다가 그것을 못하게 되었으니 국회의원 신분이 되면 그게 좀 쉬워질 것으로 생각했던 것입니다.

예를 들면 노동자들이 탄압을 받고 있는 곳에 가서 조사를 하거나 그 사람들을 만나는 일, 또는 구속된 사람을 찾아가 접견을 하는 일 등입니다. 접견이라는 게 사실 아무 일도 아닌 것처럼 보이지만 그 사람들에게는 상당한 위안이 되고 힘이 됩니다. 그래서 그런 일을 할 수 있는 지위를 확보하고 싶었던 것이 국회에 진출하게 된 큰 동기였습니다. 일반적으로 말하는 출세로서의 국회의원 같은 생각은 전혀 없었습니다. 노동자를 위해서 무언가를 할 수 있다는 것이 가장 큰 동기였습니다.

그래서 초창기의 의정 활동은 모두 노동 현장이었습니다. 노동 현장의 여러 가지 민원이 있었습니다. 개인 민원도 있긴 했지만, 주로 노동운동 과정에서 노사가 충돌하면서 생겨난 노동 탄압 민원들이 대부분이었습니다. 현장에 가서 조사하고 그것을 국회에서 따지고 하는 일들이 국회 활동의 전부였습니다. 예를 들어 원진레이온 사건(노동자들의 이황화탄소 중독 사건)이나 문송면 군(입사 후 두 달 만에 수은 중독으로 사망한 15세 소년) 사건과 같은 노동문제를 찾아다니는 것이 국회 활동의 전부였습니다.

그런 일을 하고 다녔는데, 당시 당과 국회에서는 두 개의 청문회가 중심이 되어 있었습니다. 5공 청문회와 광주 청문회, 이 두 개의 청문회가 있었는데 제가 변호사이다 보니 5공 청문회 위원이 되었습니다. 사실 어차피 할 것이라 생각하고 준비하려고 했습니다. 그래서 보좌관에게 자료를 준비하라고 지시도 했는데 청문회가 열리기 2~3일 전인가 부산 연합철강 노동자들이 서울로 올라와 농성 투쟁을 시작했습니다. 그것을 국회에서 풀어 보려고 했지만 잘 풀리지 않았습니다. 그래서 저도 농성장으로 가 농성에 참여하는 계획을 세웠습니다.

물론 그쪽에서 요청하기도 했습니다. 결국 그곳에 가기로 하면서 청문회는 안 나가는 것으로 결정을 했습니다. 그런데 비서들이 농성은 길게 가겠지만 청문회는 짧게 끝날 것이니 일단 청문회를 하고 가라고 하도 요청을 해서 청문회를 가게 되었습니다. 그런데 청문회를 너무 잘해 버렸습니다. 청문회의 중심 인물이 되어 버린 것입니다. 그래서 그 후로도 계속 청문회를 하게 된 것입니다.

하지만 그렇게 청문회를 하면서도 계속 노동 현장에 다녔습니다. 제가 주로 하는 일은 노동운동 지원이었습니다. 그러다 보니 '국회의원이 중립을 지켜야지, 왜 노동자 편만 드는가? 사장 편도 좀 들어라'는 비판을 많이 받았습니다. 그런 공격을 많이 받았는데 그때 저는 이렇게 대답을 했습니다. "국회에 299명의 의원이 있는데 200명 이상이 사장 편을 들어주지 않습니까? 압도적으로 많은 사람들이 사장 편에 서 있는데 노동자 편도 몇 명 있어야 되지 않습니까?"

그러자 "정치인이라면 그런 문제를 조정하고 통합시켜 나가야지, 왜 자꾸 싸움을 붙이고 갈등을 일으키는가?"라는 질문을 다시 받았습니다. 그런 질문에는 "조정하고 통합하는 것은 중진들이 하는 일이고 저는 초선 의원 아닙니까?" 하고 대답했던 것으로 기억합니다.

그렇게 현장에 많이 다녔습니다. 노동 현장만은 아니었습니다. 당시는 민중운동이 이론적인 면에서 상당히 많은 갈등과 모색이 있었던 시기였는데 저도 거기에 영향을 받아 '민중운동과의 관계를 어떻게 설정할 것인가?' 그리고 나중에 전민련(전국민족민주운동연합)이 생긴 뒤에는 '전민련과의 관계는 어떻게 할 것인가?'를 놓고 많은 고민을 했습니다.

하지만 그런 고심은 줄어들 수밖에 없었습니다. 5공 청문회를 하면서 보니 야당이 갈라져 있어서 국회의 일이 너무 어려웠습니다. 두 야당이 힘을 합치면 문제를 잘 풀어 갈 수 있는데, 서로 경쟁하면서 계속 엇박자를 놓으니 민주 진영에서 추진하는 문제들이 국회에서 제대로 반영이 안 되었던 것입니다.

그래서 1989년 여름부터 본격적인 통합 운동을 시작했습니다. 그것이 제가 정치인으로서 본격적으로 정치에 들어가게 된 계기입니다. 1989년 2월에 동해에서 보궐선거를 치렀는데 야당표가 서로 갈라져서 싸웠습니다. 그나마 동해에서는 통일민주당이 압도적으로 우세했기 때문에 선거운동을 하는 데 특별한 지장이 없었습니다.

그 후 1989년 8월에 영등포을구 보궐선거가 있었습니다. 평화민주당과 통일민주당이 통합하면 이기고 갈라서면 반드시 질 수밖에 없는 선거였습니다. 양쪽이 실력도 비슷하고 해서 그 선거에는 일체의 지원 활동을 거부한 채 다른 일을 하고 다녔습니다. 통합을 하라는 항의의 표시로 그렇게 한 것입니다. 그 선거에 지고 나서부터 통합 운동을 시작했는데 그때부터 본격적으로 정치를 시작하게 되었습니다. 어쩌면 그때가 노무현 정치의 출발점이라고 볼 수 있습니다.

그러던 중 1990년 1월에 3당합당이 이루어졌습니다. 통일민주당이 민정당과 합쳐지면서 본의 아니게 탈당을 했습니다. 탈당은 좋은 것이 아니라고 생각은 하지만, 어쩔 수 없이 탈당을 했습니다. 그 후로는 '지역 구도를 어떻게 극복하느냐?' 하는 것이 저에게 주어진 정치의 핵심 과제가 되었습니다.

그러다 보니 노동 현장에 다니는 일이 상당히 줄어 거의 없어졌습니다. 그러고는 영남 지역과 서울 지역에서 옛날의 민주당 세력을 되살리기 위해 뛰어다니는 일에 전력을 다하게 되었습니다. 청문회에서 얻어 놓은 명성이 있어서 사람들을 설득하러 다니는 역할은 할 만했습니다.

3당합당으로 인해 예전에 영남 지역에서 민주주의 운동을 했던 사람들, 흔히 민주 세력이라는 사람들이 다 그쪽으로 가 버렸습니다. 그래서 얼마 남은 그룹들이라도 찾아내어 야당을 복원시키기 위해 죽을힘을 다해 다녔습니다. 정치로 날밤을 새는 것입니다. 당시에는 국회 활동도 거의 후순위였습니다. 일순위의 일은 지역구를 따라다니면서 지구당을 창당하고 사람들을 모아서 단합 대회도 하고 강연도 하는 것이었습니다. 그래서 3당합당 이후에는 거의 의정 활동을 하지 못했습니다. 본격적으로 정치인이 된 것이지요. 그래도 가만히 생각을 돌이켜 보면 노동문제가 생길 때에는 당에서 항상 저에게 일을 맡겼던 것 같기는 합니다.

3당합당 충격

3당합당은 두 가지 충격을 주었습니다. 하나는 호남을 지역으로 고립시켰다는 것입니다. 지금도 그렇지만 이것이 그 후에 가져온 문제는 심각한 것이었습니다. 지역 구도가 완전히 돌이킬 수 없도록 고착화됐습니다. 어떻든 다시 회복시켜 보려고 노력을 했고, 지금까지 그 노력을 계속하고 있지만 결국 성공하지 못했습니다. 그만큼 3당합당은 큰 상처와 충격을 만들었습니다.

　다른 한 가지는 3당합당으로 인해 철새 정치의 수준이 달라졌다는 것입니다. 그전까지만 해도 야심을 가진 한 사람이 국회의원에 당선되기 위해 개인적으로 이 당 저 당을 옮겨 다니는 수준이었는데 이제 차원이 달라진 것입니다. 개인적으로 이곳저곳 오락가락하는 것도 없어져야 할 잘못된 풍토인데, 이제는 정권을 놓고 자웅을 겨룰 정치 지도자가 당을 넘어가 버렸으니 엄청난 것입니다. 그래서 한두 명의 기회주의자들이 정치판을 조금씩 어지럽히는 것이 아니라 정치 전체가 통째로 기회주의 판이 되어 버린 것입니다. 이후 정치인들의 행태가 실제로 그렇게 변했습니다. 자신의 소신이나 가치와는 거의 관계없이 당선이나 이익을 위해 아무런 원칙도 없이 보따리 싸들고 돌아다니게 된 것입니다.

　지역주의와의 싸움과 기회주의와의 싸움. 이것이 정치를 하는 동안 저에게 주어진 두 개의 큰 싸움입니다. 그래서 저는 '원칙과 통합'이라는 말을 계속하면서 대통령 선거를 치른 것입니다. 저는 원칙에는 매우 까다롭게 매달리지만 통합을 위해서라면 어떤 다른 가치도 희생할 수 있는 정치를 해 왔습니다. 3당합당 당시 받은 충격의 연장선상에 있는 것입니다. 분열주의와 기회주의를 극복하자는 마음에서 비롯된 것입니다.

3당합당이라는 것이 이름은 합당이지만, 그 내용은 국가적 분열이고 민주 세력의 분열입니다. 어느 나라를 막론하고 분열주의는 국가와 사회, 그리고 미래에 가장 나쁜 영향을 미칩니다. 결국 저의 정치는 지금까지 '분열주의와의 투쟁' 또는 '기회주의와의 투쟁' 그 두 가지로 간단히 정의할 수 있습니다.

3당합당 이후 남아 있던 사람들이 민주당을 다시 만들었는데 수가 워낙 적다 보니 당 대접을 제대로 못 받았습니다. 사람들이 '꼬마 민주당'이라고 부르기까지 했는데 그만큼 힘이 미약했습니다. 아무튼 1991년 9월경에 당 대 당 합당으로 신민당과 야권 통합을 이루었습니다. 민주당이 워낙 작으니까 사람들은 우리가 그쪽으로 흡수되어 들어간 것으로 알고 있는데, 들어간 것이 아니고 합당을 했습니다. 그때 합당한 후 중간에 약간 우여곡절이 있었지만 10년 정도 김대중 대통령과 정치를 함께하게 되었습니다. 1995년도에 김대중 대통령이 새정치국민회의를 창당할 당시 우리는 또다시 따로 남게 되었습니다. 그래서 1년 반 정도는 떨어져 있었습니다. 그 후 대선 국면에서 국민회의에 입당을 했습니다. 역시 통합의 노선이었습니다.

김대중과 김영삼

김대중 대통령은 세계에 자랑할 만한 지도자입니다. 어느 나라에서나 그렇게 오랜 기간 동안 독재와 싸우다 구속되고 사형선고까지 받으면서도 굴하지 않고 민주주의 노선을 계속 유지하며 투쟁해 온 사람은, 보통의 경우 국민의 힘에 의해 독재 정권이 무너지고 민주주의가 이루어지면 무투표 당선될 만한 수준의 지도자가 됩니다. 그러면서 건국의 아버지와 같은 대우를 받게 되는 것이지요.

그것이 정상입니다. 그런데 우리가 그렇게 하지 못했던 것은 민주 세력이 분열되어 있었던 데다가 워낙 빨갱이로 덧칠을 해 놓았기 때문입니다. 김대중 대통령을 민주주의 투사로 보지 않고 자꾸 친북 인사로 보는 것입니다. 국민적 지도자로서 대통령이 되기는 했지만 아무도 이의가 없는 국민적 지도자로 대접받지는 못했습니다.

모두 우연이긴 하지만, 영남과 호남이 경쟁하고 있는데 하필 정치 지도자까지 영남과 호남으로 양립을 하게 되었습니다. 무슨 필연성이 있는 것은 아닙니다. 순전히 우연입니다. 하필 그렇게 되어서 상처가 남게 되었고, 국가적으로도 민주주의를 실행하는 데 많은 차질이 생겼고, 지금도 분열을 극복하지 못하는 불행한 상황이 되었습니다.

그런 상황이 아니었다면 김대중 대통령은 해외에서와 마찬가지로 국내에서도 국보급 대접을 받을 만한 지도자입니다. 경력만 봐도 그렇습니다. 물론 지역 분열을 막아 내지 못한 책임은 부인할 수 없을 것입니다.

그래도 훌륭한 지도자입니다. 얼마 전에 세종대왕의 리더십에 대한 책을 보니, 저자가 '세종대왕은 책을 많이 보았는데 우리나라 대통령 중에는 그런 사람이 있다는 것을 듣지 못했다'고 써 놓은 것을 보았습니다. 아주 잘못 알고 있는 것입니다. 김대중 대통령이 청와대에 계실 때에는 지금의 방 하나가 완전히 서고였습니다. 그뿐 아니라 김대중 대통령이 책을 많이 읽는다는 것은 온 세상에 알려져 있는 사실입니다.

대학교수라는 사람이 그런 사실을 모르고 엉뚱한 소리를 써 놓은 것인데, 잘못된 평가입니다. 김대중 대통령은 그냥 투사가 아니고 사상가입니다. 해박한 지식을 가지고 있는 데다가 끊임없이 새로운 지식을 받아들이고 있습니다. 그리고 그것을 항상 전략적으로 요령 있게 판단하는 지혜도 지닌 특별한 지도자입니다. 우리가 그 점을 잘못 알아볼 뿐입니다.

김영삼 대통령 역시 1987년 이전까지의 정치적 업적은 김대중 대통령에 못지않습니다. 많은 업적을 가지고 있습니다. 다만 김영삼 대통령이 김대중 대통령에 비해 독재 권력으로부터 상대적으로 고초를 덜 당한 것은, 진보적이지 않아서 좌파로 뒤집어 씌우지 못했기 때문이 아닐까 생각됩니다. 그 밖에는 1987년까지의 민주주의 투쟁이라는 점에서 두 사람의 업적은 우열을 가리기가 어려웠습니다.

그런데 1990년 3당합당으로 모든 것을 망쳐 버렸습니다. 저는 그렇게 생각합니다. 1987년 대통령 선거 당시 양쪽이 합동으로 민주 세력을 분열시켰고, 그래서 그것을 재결합시키는 것이 우리 민주 세력의 과제였는데 그 반쪽을 들고 민정당과 합쳐 버리는 바람에 영원히 민주 세력의 통합을 불가능하게 만든 것입니다. 그 사람이 바로 김영삼 대통령입니다. 따져 보면 1차는 두 분이 갈라 놓았고 2차에서는 김영삼 대통령이 혼자서 민주주의를 망쳐 놓은 것입니다. 아니, 6월항쟁의 가치를 통째로 망쳐 놓은 것입니다. 한국 정치의 흐름을 완전히 망가뜨려 놓았습니다. 그래서 저는 결국 20년 동안 김영삼 대통령이 만들어 놓은 구도와 싸우게 된 것입니다.

선거, 왜 부산인가

누구나 정치를 하면서 끊임없이 갈등을 겪습니다. 옳은 길로 갈 때 분명히 손해를 볼 수밖에 없는 상황이라면 아마 모든 정치인들은 '힘들지만 옳은 길로 갈 것인가, 아니면 조금 더 쉬운 길을 갈 것인가?'를 놓고 갈등을 할 것입니다.

이것이 금전적 이익 같은 것이라면 조금 손해를 보더라도 노선을 바꾸지는 않습니다. 하지만 정치인에게 당선이란 정치에서 살아남는 것이기 때문에 이러한 정치적 이익에는 대부분이 결국 소신을 굽힙니다. 나중에는 소신 자체를 바꾸기도 합니다. 이것이 정치에서 가장 어려운 점입니다.

저는 끝까지 이 소신을 지켜 온 셈입니다. 그것도 소극적으로가 아니라 적극적으로 소신에 따라 손해를 감수하고 정치 활동을 계속해 왔습니다. 이것은 정말 행운이라고 생각합니다. 저처럼 청문회 같은 것을 통해 정치적 자산을 축적해 놓지 않은 사람들은 그런 도전을 계속하기가 어렵습니다. 낙선을 하면 금세 정치적 자산이 소실되어서 쉽사리 재기할 수 없기 때문입니다. 반면에 저는 금방 재기를 했습니다. 명성을 가지고 있었기 때문에 재기할 수 있었고, 재기했기 때문에 또 명성을 쌓고 다시 도전할 수 있었던 것입니다.

그것은 저에게 있었던 큰 행운의 결과이기 때문에 다른 정치인들도 모두 그렇게 해야 한다거나 또는 그렇게 할 수 있다고 말하기는 어렵습니다. 하지만 적어도 소신과 일관성을 유지하려는 노력은 해야 합니다. 그러나 이제는 그런 노력을 할 아무런 사회적 동기가 없어져 버렸습니다. 김영삼 대통령의 '성공'으로 인해 우리 사회가 기회주의를 배척할 힘을 잃어버린 것입니다. 사회적 노력이 소멸되어 버렸습니다.

그전만 해도 개인적으로 그렇게 하면 국민들로부터 심판을 받았습니다. 그런데 김영삼 대통령은 개인적인 차원에서가 아니라, 자신의 강한 영향력으로 반화합(反和合)이라는 대결적 정서를 통해 적대적 대결 구도를 만들어 놓고는 그것을 이용해서 사람들을 충동질하고 묶어서 쓸어 갔습니다. 그래서 개인적으로 저항하기도 어렵고, 그렇게 해서 성공했기 때문에 이제는 성공을 위해서라면 무슨 짓을 해도 사회적으로 심판을 하지 않는 분위기가 만들어진 것입니다. 정치 풍토뿐만 아니라 사회 풍토까지 크게 훼손해 놓은 것이 아닌가 하는 생각이 듭니다. 그래서 앞에서도 이야기했지만 제 정치 인생은 김영삼 대통령과의 투쟁이다, 이렇게 생각하게 됩니다.

저는 계속 어려운 일에 도전해 오긴 했습니다. 그래도 그것이 완전히 불가능한 일이라고 생각하지는 않았습니다. 매우 어렵기는 하지만 불가능한 것은 아닙니다. 그래서 도전을 하는 것입니다. 저를 그저 무모한 도전이나 하는 사람으로 평가하는 것은 사리에 맞지 않습니다.

대의가 있고 그다음에 가능성도 있습니다. 그래서 도전하는 것입니다. 떨어지더라도 정치적으로는 실패할지 모르지만 인간으로서는 실패하지 않을 수 있다는 자신감이 있었습니다. 결국 스스로 실패한 사람이 되고 싶지는 않다는 것인데 이 부분은 정치 영역을 벗어난 것이 아닌가 싶기도 합니다. 하지만 그런 걸 다 고려해서 한 도전이니까 제 나름의 계산이 있었다고 봐야지요.

부산에서의 선거는 참으로 어려웠습니다. 14대 선거 당시 대세가 아닌데 제가 부산에 출마하겠다고 하니까 사람들이 모두 안 될 것으로 생각했습니다. 그래서 "큰 새는 바람을 거슬러 날고, 살아 있는 물고기는 물살을 거슬러 헤엄을 친다"는 거창한 문구를 선거 구호로 내걸었습니다.

아마 그 선거 구호는 우리 지지자들과 운동원들을 격려하기 위한 것이 아니었나 싶습니다. 하지만 그 구호가 가지는 매력이 있습니다. 제가 1986년 학원안정법 파동이 있었을 당시, 반대 투쟁을 하러 다닐 때 돈도 없고 해서 김구 선생의 글씨 복사본을 팔러 다녔습니다. 그 복사본 가운데 하나에 그 문구가 있었습니다. 지금 생각해 보면 복사본은 돈을 주고 사는 게 아닌데 의외로 사람들이 사 주었습니다. 아마 그 문구의 힘이 아니었나 싶기도 합니다. 그래서 "대붕역풍비 생어역수영"(大鵬逆風飛 生魚逆水泳)이라는 그 문구를 내걸었습니다. 저 역시 실제로 그렇게 살아왔습니다. 대붕인지 아닌지는 모르지만……(웃음)

바보 노무현과 노사모

2000년 4·13총선에서 지고 난 후 노사모가 만들어지면서 인터넷 공간에서 '바보 노무현'이라는 말이 떠돌아다니기 시작했습니다. 제가 부산에서 세 번 떨어졌는데, '왜 자꾸 부산에 도전하는가? 그 이전에는 부산에 연고가 있으니 그렇다 하더라도 마지막 2000년 선거는 종로에서 당선되었는데 훨씬 유리한 그곳을 버리고 왜 불리한 부산에 가는가?' 하면서 '바보'라는 별명이 붙게 되었습니다.

그동안 사람들이 저에게 붙여 준 별명 가운데 저로서는 제일 마음에 드는 별명입니다. 저는 정치하는 사람들이 바보처럼 정치를 하면 나라가 잘될 것이라고 생각합니다. 가까이 보면 손해로 답이 나와도 멀리 보면 이익이 되는 것이 있습니다. 우리가 손해냐 이익이냐 하면서 눈앞의 이해관계로만 판단을 하니까 자꾸 이기적인 행동만 나오고, 영악한 행동만 나오는 것입니다.

당장은 손해를 보는 일도 멀리 보면 다 가치가 있고 이익이 됩니다. 그래서 '눈앞의 이익에 어둡다'는 것은 '멀리 보는 현명한 판단'이라고 역설적으로 말할 수 있는 것입니다. 어쨌든 저는 '바보'라는 것이 그냥 좋습니다. 지난 5년에 대한 평가도 '바보 노무현답다'고 하는 분들이 있는데 맞는 것도 있고 아닌 것도 있지만 감사하게 생각합니다.

노사모에 대해서는 많은 이야기들이 있습니다. 어떻게 보면 노사모는 고유명사입니다. 그러나 저는 '노사모'를 고유명사로 생각하지 않습니다. 노사모는 보통명사로서 시민적 행동의 한 모범입니다. 그래서 저는 노사모야말로 한국이 나아가야 할 미래라고 생각합니다. 그러한 시민 행동이 살아 있을 때 민주주의가 발전하는 것입니다. 시민의 그런 정신과 행동이 흐지부지되면 우리 민주주의도 결국 흐지부지되는 것입니다. 그러면 힘 있는 사람들이 힘 없는 사람들을 억압하는 사회가 될 수밖에 없다고 생각합니다. 그래서 나는 '미래에 있어서도 노사모가 민주주의의 희망이다'라고, 그렇게 생각합니다.

장차 노사모와 같은 시민적 활동이 계속 확대될 것인지, 아니면 흐지부지 없어질 것인지 확신을 하지는 못합니다. 다만 '노사모 같은 활동이 있어야 민주주의가 성공한다. 흐지부지되면 민주주의가 성공할 수 없다'라는 점에 대해서는 제가 확신을 가지고 있습니다.

다만 노사모가 계속 유지되기 위해서는 두 가지가 필요합니다. 국민들의 의식이 민주주의에 대해 아주 민감해져야 합니다. 다시 말하면 국민들의 의식이 역사, 정의, 민주주의 같은 가치에 대해 더욱 민감해져야 한다는 것입니다. 그다음, 그 사람들의 희망에 불을 댕길 수 있는 정당과 지도자가 나와야 합니다. 이 두 가지가 결합되었을 때 노사모 같은 사회적 현상이 폭발하는 것입니다.

1987년 6월항쟁 당시 끓어올랐던 시민적 정신, 그 사람들이 역사와 가치, 민주주의에 대해서 민감한 사람들입니다. 그들의 꿈이 계속 좌절되고 짓밟히다가 2002년 위기 상황에 몰린 것입니다. 그 위기 상황에서 그들이 바보 노무현을 만나 폭발한 것입니다. 정치는 그렇게 상호작용 속에서 가는 것이지요. 그래서 정치인들이 때로는 이해관계에 민감한 국민들이 아니라 가치에 민감한 국민들에게 호소할 수 있는 정치 노선을 갖고 꿋꿋하게 갈 필요가 있는 것입니다. 그것이 다 성공할지는 알 수 없지만 반드시 가치에 민감한 역사, 또 그런 역사에 민감한 사람들과 조우하게 될 것입니다. 그러면 세력을 떨칠 수 있습니다. 그러나 우리 정치인들은 대부분 그렇게 하지 않았습니다.

대선 출마 동기

2002년도의 위기는 다름 아닌 이인제 씨의 존재였습니다. 이회창 씨가 아니었다는 것입니다. 2001년, 2002년에 노사모가 폭발했는데 당시 사람들이 느낀 위기감은 이회창 씨의 존재보다는 이인제 씨가 민주당 후보가 될 수도 있다는 사실이 아니었나 싶습니다.

　　이인제 씨는 3당합당에 따라가 도지사도 하고 경선 불복도 한 사람인데 그런 사람이 민주당에 와서 선거대책위원장이 되고 대통령 후보가 되려고 하니까, 전통적인 가치를 지지하는 사람들, 즉 소신을 이익보다 더 소중하게 생각해 오던 젊은 사람들과, 민주주의를 위해서 많은 위험을 감수했던 사람들이 보면서 얼마나 위기감을 느꼈겠습니까? 그 위기감 위에서 제가 그 사람들로부터 지지를 받을 수 있었고 결국 대통령까지 오게 된 것입니다. 그래서 세상은 반드시 논리적인 것만은 아닙니다.

　　어떤 때는 저보다 참모들이 더 열성적이었습니다. 저는 때때로 주저앉아 버리고 싶었던 때가 많았는데 그들은 끝내 희망을 포기하지 않았습니다. 그래서 계속 저를 끌고 왔습니다. 그들이 헌신적인 고생을 많이 했습니다. 사람을 모으고 조직하는 일에서부터 행사를 하기 위해 모금을 하는 일, 비용을 조달하는 일까지……. 저는 그냥 공짜 차를 타고 온 것입니다. 물론 저도 다른 부분에서는 노력을 많이 했지만 참모들과의 관계를 놓고 본다면 공짜 차를 타고 온 것이라고 말하고 싶습니다.

굿바이 청와대

이제 대통령직을 떠납니다. 한편으로는 시민의 지위로, 또 고향으로 돌아가는 것이지요. 사실 대통령 자리가 막중하고 영광스러운 것이 맞지만 또 매우 힘들고 어려운 자리이기도 합니다. 이제 이것을 떠나 돌아가는 것이니 홀가분합니다. 시민으로서 자유로운 생활에 대한 기대가 있고 고향으로 간다는 기대도 있어서, 요즘은 조금 설레는 기분입니다.

'대통령직에서 벗어난다'는 관점에서 생각하면 가장 크게 달라지는 것이 아마 뉴스를 편안하게 볼 수 있다는 것, 그리고 화장할 일이 거의 없을 거라는 점입니다. 사실 제가 화장을 싫어합니다. 넥타이 매는 것도 귀찮아하고……. 조금 편해진다는 느낌을 갖는데 그중에서도 화장을 하지 않는다는 것은 조금 다른 의미가 있습니다. 상징적으로 대통령은 작위적으로 꾸며야 되는 일이 많이 있습니다. 일종의 연기 같은 것을 해야 하는 상황이 있습니다. 많은 사람들이 그것을 국민에 대한 서비스나 의무라고 이야기하는데 저에게는 가장 힘들었던 일입니다.

실제로는 소용없는 일인데 뭔가 의미가 있는 것처럼 텔레비전에 내보내는 것을 서비스라고 모두들 이해하고 있어서 그렇게 할 수밖에 없었는데 아주 힘들었습니다. 그래서 참모들과 티격태격 싸우기도 했습니다. 이제는 그렇게 하지 않아도 되니 아주 좋지요. 정말 마음이 편합니다. 마치는 것이 섭섭하기보다는 마음이 편합니다. 그래서 기분이 좋은 편입니다.

　뉴스를 편하게 볼 수 있다는 것도 마찬가지입니다. 뉴스를 보면 대통령 소관이 아닌 것이 거의 없습니다. 그래서 각각의 뉴스에 대해 잘못된 일이면 내가 미안하고, 또 고쳐야 될 일이면 메모하고 했습니다. 그래서 뉴스를 꼭 봐야 했습니다. 그런데 대통령으로서 보는 뉴스는 마음이 그리 편하지 않습니다. 왜냐하면 해결이 잘된 문제는 그때부터 뉴스에서 사라지고 항상 해결되지 않고 남은 문제만 계속 나오기 때문입니다. 대통령 자리가 뉴스를 보기에 힘든 자리입니다. 이제는 좀 살 만해지겠지요.(웃음)

고향으로 간다는 것

제가 균형 발전 정책에 대해 많은 노력을 해 왔습니다. 균형 발전이라는 측면에서 볼 때 가장 중요한 것은 사람들이 지방으로 가는 것입니다. 수도권이 너무 집중되어서 비좁으니까 '가자! 보내자!'는 것인데, 그 말을 가장 앞장서서 했던 사람이 서울이 좋다고 눌러앉아 있는 것은 모순입니다. 그래서 지방을 살기 좋게 만들기 위해 '저도 갑니다!'라는 이야기를 전하고 싶은 것입니다. 그러면서 지방으로 가야겠다는 생각을 먼저 하게 되었고, 처음에는 부산 근교도 찾아보고 했습니다. 그런데 어차피 가는 것이면 조금 더 시골로 가자는 생각이 들면서 다른 시골도 찾아보기 시작했습니다. 그러다 보니 '가까운 고향 두고 왜 그러냐?'는 생각이 들었습니다. 그래서 고향으로 가는 것으로 정했습니다.

　　마음의 갈등이 없지는 않았습니다. 고향은 지금까지도 제가 정치적으로 배척 받아 온 곳입니다. 정치적으로 한 번도 아니고 몇 번이나 배척을 받았던 그 땅에 돌아가야 하는가 하는 생각이 있었습니다. 한편으로는 이제 정치를 안 하면 대결의 장, 경쟁의 장을 떠나는 것인 만큼 마음 편하게 없어지는 것 아닌가 하는 생각도 들고, 또 한편으로는 정치는 그만두긴 하지만 이웃 사람으로서 지역적인 문제 등은 설득해야 할 과제가 아닐까 하는 생각도 듭니다. 고향에 가서 설득이라도 할 조그마한 여지라도 있다면, 작은 기대라도 할 텐데…….

2 참여정부 5년을 말하다

2007년 대통령의 육성 회고

참여정부 평가

참여정부의 약속

참여정부 기간 동안 해야 할 일 가운데 가장 중요한 것은 바로 제가 공약을 했던 것 아니겠습니까? 제가 공약한 것 가운데 상식이 통하고 원칙이 지켜지고 법이 공정하게 집행되는 사회, 이 것은 성적이 나쁘지 않을 것입니다.

또 정경 유착이나 반칙과 특혜, 특권이 없는 사회, 이것을 위해 얼마나 많은 노력을 했습니까? 어느 정도 인정해 줄 수 있는 것입니다. 공약을 지키기 위해 네 가지 국정 원리, 즉 원칙과 신뢰, 투명과 공정, 분권과 자율, 대화와 타협을 내걸었는데 마지막이 시원치는 않았습니다. 대화와 타협의 정치를 이루는 데 큰 진전을 이루지는 못했지만 그 외에는 많은 성과가 있지 않았습니까?

지난날 독재 정권이 남겨 준 부정적 유산 가운데 정치 불신이나 기회주의와 같은 문제에 대해서도 성과가 있습니다. 불균형 발전 문제를 해소하기 위해 본격적인 노력을 한 것이 균형 발전 정책입니다. 행정도시, 혁신도시, 공공 기관 지방 이전 등 균형 발전 정책을 상당히 많이 했습니다. 30~40년 동안 쌓여 온 불균형인데 그것을 5년 안에 회복하기는 쉽지 않습니다. 하지만 엄청난 의미가 있었습니다.

다만 그 불균형 중에서 가장 중요한 것이 경제적 불균형의 문제입니다. 그것은 1997년 IMF 국가부도 사태가 결정적인 원인입니다. 그것 때문에 지난 10년간 국민의 정부가 회복을 위해 무척 노력했고 참여정부도 노력을 했습니다. 하지만 뚜렷한 진전을 이루지 못해 안타깝게 생각합니다.

이 전부를 참여정부가 책임져야 할 것은 아니라고 생각합니다. 그 문제에 관해서 본질적으로 중요한 여러 가지 정책적 노력이 있었습니다. 그 노력이 상당한 성과를 거두고 있습니다. 예를 들면 비정규직 이야기를 많이 하는데, 비정규직 제도는 참여정부의 정책과 전략이 맞습니다. 옳은 해법이라고 보는 것입니다. 이대로 가면 비정규직은 점차 많이 줄일 수 있습니다. 설사 비정규직이라 해도 정규직과의 차이를 많이 줄일 수 있습니다. 이렇게 가는 것이 맞습니다.

새로운 직장을 찾을 때까지 사람들에게 교육 훈련의 기회를 주는 고용 지원 프로그램에 관해서는, 국민의 정부에서 시작한 것을 참여정부에서 강력하게 진행해 가고 있습니다. 특히 가장 중요한 것이 일자리라 할 수 있습니다. 경제성장 몇 퍼센트를 하고 수출이 얼마가 되면 일자리가 늘어난다고 하지만 그렇지 않습니다. 수출이 잘되고 성장이 몇 퍼센트 된다고 해서 고용이 늘어나는 것은 아닙니다. 중소기업이 성장해야 일자리가 늘어납니다. 그중에서도 서비스업이 성장해야 많이 늘어납니다. 그래서 중소기업과 서비스업에 대한 정부의 지원책을 전체적으로 바꾸어 정책을 집중하고 있습니다. 하지만 더 중요한 것은 어떤 일자리를 만들어 내는가의 문제입니다. 사회적 서비스가 일자리를 만들어 내고 있습니다. 우리 사회의 약자들에게 필요한 서비스들을 국가가 만들어서 그 안에서 사람들로 하여금 일하게 하는 것이 사회적 일자리입니다. 국가나 사회가 우리 국민들에게 제공하는 최소한의 서비스에서 일자리가 나온다는 것입니다. 예를 들어 독거노인들을 위한 도시락 배달, 세탁, 목욕, 간병 아니면 운동 지원 서비스를 하는 것입니다. 참여정부가 본격적으로 발굴하고 체계화해 가고 있습니다. 매년 확대해 나가는 과정입니다. 상당히 획기적입니다.

공정한 법치와 원칙

1987년 6월항쟁의 승리 이후에 달라진 것은 권력의 폭력 또는 공포정치가 해소됐다는 것입니다. 권위주의는 여전히 남아 있었고, 권력기관 상호 간 또 권력과 재계 또는 언론 상호 간의 유착 구조, 특권적 집단의 유착 구조는 여전히 남아 있었습니다. 우리 국민들이 요구한 것은 공정한 법치주의입니다. 모든 사람이 공정하게 법의 지배를 받는 것, 그것이 지금까지 일관되게 국민들이 요구해 온 것입니다. 상대방 정당이기는 하지만 이회창 후보가 그 당에서 기득권을 가진, 기라성 같은 정치 세력을 다 물리치고 후보가 될 수 있었던 것은 공정한 법치주의에 대한 국민적 요구가 있었기 때문입니다.

이쪽도 마찬가지입니다. 제가 후보가 된 데는 그러한 요구가 일부 있었을 것입니다. 권위주의 체제로 인해 눌려 왔던 법의 지배, 원칙주의적인 국가 운영 같은 것을 원했던 것입니다. 이전의 지도자들은 1960년대 말에 등장해서 1990년대까지 살아온 분들입니다. 그분들에게는 통치행위라는 것이 머릿속에 있을 수 있습니다. 고도의 정치적 행위, 다시 말해 법을 초월하는 정치적 행위라는 것이 그분들에게는 당연히 있을 수 있습니다.

실제로 법 이론 가운데 하나로 통치행위 이론이 있었습니다. 그러나 저와, 저를 지지했던 우리 사회의 새로운 민주주의 주체 세력들은 통치행위 개념 같은 것을 잘 이해하려 하지 않습니다. 저 또한 법률가로서 일을 할 때나 정치를 할 때나 소위 통치행위 이론은 인정하지 않는 편이었습니다. 통치행위에 대한 경계, 그 사회의 국민이 주도적으로 요구하고 있는 법치의 원칙, 그런 것을 저는 존중한 것입니다.

구시대의 막내

지난 참여정부 5년 동안의 주제는 주로 특권, 부정부패, 유착과 같은 것들을 해소해 나가는 데 집중되었습니다. 사실 대통령에 당선되기 전 후보 시절에는 생각이 좀 달랐습니다. 이런 문제가 상당 부분 해소되었다고 봤고, 적어도 이런 문제가 새롭게 참여정부의 과제가 될 것으로 생각하지는 않았습니다.

그 수준을 넘어서 서로 정치적 가치를 달리하는 사람들 간에 상호 존중하고 대화하고 타협하는, 즉 민주주의 메커니즘 속에서 하나의 사회적 합의를 만들어 나가는 단계로 갈 때라고 본 것입니다. 과거와 같은 소위 불법, 합법의 시대가 아니라 대화와 타협이라는 새로운 수준의 민주주의 시대로 갈 것이라는 희망을 가지고 출발했던 것인데, 출발하고 난 뒤에 대화가 잘 풀리지는 않았습니다. 어쨌든 새로운 민주주의 시대를 열어 가고 싶은 생각과 희망을 가지고 있었던 것입니다.

그런데 막상 시작해 보니 상대는 나를 인정하지도 않고, 여러 가지 노력을 해도 대화를 열어 나가기가 어려웠습니다. 심지어 당 안에서도 후보 시절에 있었던 후보단일화협의회와의 관계가 해소되지 않았는데 그러는 사이에 대선 자금 문제가 터져 버렸습니다. 그래서 이제는 대화와 타협의 문제가 아니라 대선 자금을 둘러싸고 스스로도 자유롭지 않은 상황, 약간 남아 있지만 덮고 넘어가도 되겠다고 생각했던 몇 가지 찌꺼기들을 다시 청소해야 되는 상황이 된 것입니다. 그래서 다시 대청소를 하게 된 것입니다. 새집에 들어와서 새살림을 꾸리겠다고 생각했는데 그게 아니었습니다. 제 딴에는 새집에 들어왔다고 생각했는데 쓰레기들이 많이 있었던 것입니다. 그래서 쓰레기 대청소를 해 나가는 과정이 결국 저도 상대방도 자유로울 수 없었던 대선 자금의 청산 과정이었습니다.

그러면서 저도 대통령으로서 정통성에 상처를 많이 입다 보니 다시 수준을 낮추어 구시대의 막내 노릇, 마지막 청소부일 수밖에 없다는 쪽으로 제가 할 몫을 생각하게 됐고, 그 착잡했던 심경을 그렇게 표현했던 것입니다.

경제 파탄론

우리 경제가 파탄이 났다는 이야기를 합니다. 5년 내내 경제 파탄이 아닌 적이 없었습니다. 그러나 '경제 파탄'이란 말은 사실이 아닙니다. IMF 때나 쓰는 이야기입니다.

시민들의 소비생활이 풍요롭지 않고 중산층이 많이 주저앉은 것은 사실입니다. 아래위로 격차가 많이 벌어진 것도 문제입니다. 요즘의 양극화란 과거의 빈부 격차처럼 중간이 조금은 있는 완만한 격차가 아니고 중간이 확 비어 버리는 양상입니다. 아주 높은 사람과 아주 낮은 사람으로 갈라집니다. 그래서 바닥에 있는 사람들이 숫자가 많아지고 어려워진 것이 사실입니다. 그렇다 해도 이 부분은 2003년도와 비교할 때 상당히 많이 개선된 것이 사실입니다. 가령, 올여름에 인천공항을 빠져나가는 사람들이 해외에 가서 쓰고 오는 돈의 규모는 사상 최대 아닙니까? 이런 통계가 우리 경제를 설명해 주는 핵심은 아닐지 모르지만 우리 경제의 중요한 지표인 것은 맞습니다. 가장 많이 나가서 가장 많이 쓰고 온다는 것은 지금의 경제가 가장 좋아진 것이 아니겠습니까? 그리고 주식 가격은 왜 인정하지 않습니까? 주식 가격은 기업의 미래 가치에 대한 판단입니다.

문제는 빈곤층입니다. 어느 시대나 소위 절대 빈곤층, 상대적 빈곤층이 없었던 때는 없습니다. 참여정부에서는 최저생계비를 높여서 기초생활보장도 늘어나고, 절대 빈곤층 통계도 늘어났습니다. 이를 두고 빈곤층이 더 늘어났다고 말을 합니다. 그러나 실제로는 빈곤층이 더 늘어난 게 아니라 사회보장 혜택을 받는 층이 더 늘어난 것입니다.

결론적으로는 참여정부가 그 점에서 정치를 잘못한 것입니다. 국민들의 불편한 심정을 불편하지 않게 하는 데 소홀했거나 아니면 한다고 했는데 성공하지 못했거나 한 것입니다. 그 점에 대해서 국민들에게 미안하게 생각하고 또 대가를 받고 있다고 생각합니다.

저도 불만은 있습니다. 참여정부가 무엇을 해 왔는가에 대해 올바르게 전달해야 하는 공공 매체가 참여정부에 대해 국민들에게 전달한 내용을 보고 있으면 우리 국민들이 몽둥이 들고 청와대로 달려오지 않는 것이 다행이다 싶습니다. 지금까지 언론이 참여정부에 대해 진실을 왜곡하고 차단하면서 무자비하게 비판을 했습니다. 끊임없이 원칙 없는 비판을 쏟아부었습니다. 국민들이 보기에 그 비판의 절반만이라도 신뢰성이 있었다면 저는 당장 이 자리에서 쫓겨나야 할 것입니다. 그런데 절반도 믿지 않기 때문에 제가 버티고 있는 것입니다. 그래서 저는 그나마 우리 국민들에게 감사한 마음을 가지고 있고 국민들에게서 희망을 보고 있습니다. 이렇게 흔들어대는데도 쫓아낼 일이 아니라고 생각해 주시는 것이 감사한 것이고 그래서 우리 국민들은 믿을 만하다고 생각하는 것입니다.

수십 년 묵은 과제의 해결

부안 방사성폐기물처리장(방폐장) 문제만 해도 약 20년 묵은 문제입니다. 이전 정부가 하려고 하다가 다 실패한 사업입니다. 우리 전력의 40%를 원자력에 의존하고 있는데 그 부산물을 처리하지 않을 수 없는 것입니다. 그런데 어쨌든 잘 해결되어 넘어갔습니다. 그다음에 행정수도 이전은 1960년대부터 시작된 논의입니다. 그동안 여러 번 부분적으로 시도가 되었고, 우리 언론들도 끊임없이 주장해 오던 과제입니다. 그러나 아무도 못했던 과제입니다. 그런데 참여정부에서 그것을 실행했습니다.

이처럼 묵은 과제를 의지를 가지고 하나씩 하나씩 해결을 한 것입니다. 작전 통제권 문제도 마찬가지입니다. 20년 전에 이미 이행하기로 합의된 것이나 마찬가지입니다. 용산기지 이전 문제도 마찬가지입니다. 그동안 이렇게 우리가 해결해야 할 과제가 많이 밀려 있었습니다. 그동안 언론들도 다 해야 한다고 주장하던 것들입니다. 참여정부가 이런 문제들을 거의 해결했다고 봅니다.

사실 이전 정부들이 추진하지 못했던 것은 이해관계자들의 반발 때문입니다. 말하자면 핵심은 국민들의 반발입니다. 돈이 들어가니까 반대하고, 또 이해 집단이 극렬하게 반대했습니다. 그다음에 신행정수도 같은 것은 서울 사람들이 반대했습니다. 그러니 자꾸 뒤로 밀리게 된 것입니다.

때때로 국정의 책임을 맡은 사람은 여론이 마다하는 일, 시끄러운 일도 감당을 해야 합니다. 실제로 그런 일들이 어려운 이유는 반대 집단이 소수라 할지라도 극단적으로 저항하면 나라가 시끄럽기 때문입니다. 시끄러워지면 국민들은 모두 정부를 비판하고 지지도가 뚝 떨어집니다. 실제로 부안 방폐장 문제 같은 것은 일개 군의 저항이지만 전 국민이 정부를 비판했습니다. 그것 때문에 지지도도 많이 떨어졌습니다.

결국 권력이 힘으로 할 수 있는 일이 아니고 국민의 지지를 이끌어 내야 합니다. 방폐장의 경우 주민 투표로 선정한 것이 좋은 사례라고 생각됩니다. 이해찬 총리의 아이디어입니다. 방폐장 문제의 해결 과정에서 제가 미처 생각하지 못했던 방안을 이해찬 총리가 끄집어내서 잘 해결했습니다. 저는 그냥 떡만 얻어먹은 셈입니다. 방폐장 문제의 해결은 전적으로 이해찬 총리의 공로입니다. 이런 경우가 적지 않습니다. 어려웠던 것 가운데 장항산업단지 문제도 있습니다. 방폐장도 어려운 문제였지만 이것도 보통 어려운 문제가 아니었습니다. 장항산업단지 문제는 한명숙 총리가 깔끔하게 해결해 주었습니다. 제가 아주 고맙게 생각하고 있습니다.

공직 사회에 대한 평가

지난날의 문민정부, 국민의 정부, 참여정부 모두 공직 사회 개혁을 굉장히 빠른 속도로 추진해 왔습니다. 특히 참여정부에 와서 공직 사회의 개혁이 감당하기 어려울 만큼 빠른 속도로 이루어졌는데 그로 인해서 공무원들 개인이 가지고 있던 안정된 지위가 상당히 많이 변화됐습니다. 말하자면 흔들렸다고 할 수 있습니다.

공직자들에게 이런 개혁을 요구하고 동참하라고 요구하면

서 '너희들은 나쁜 사람들이야, 아주 형편없는 조직이야, 두드려야 돼!' 이렇게 가는 것이 맞습니까? 아니면 '지난날 많은 병폐가 있었음에도 오늘날 한국 사회가 이룬 성취는 그들의 주도적 역할에 힘입었음은 사실이다'라는 점을 부각시켜 용기를 북돋우면서 '여러분들은 세계 최고의 공무원이 될 수 있다, 충분한 자질을 가지고 있다, 이것 이것만 고치자' 하는 것, 어느 쪽이 바람직하겠습니까?

저는 공무원들에게 그렇게 해 왔습니다. 많은 개혁 과제를 주고 용기를 북돋우면서 '조금만 더 가자. 우리가 세계 일류 공무원이 된다'고 했습니다. 그래서 공무원들에 대한 신뢰를 이야기한 것입니다. 그런데 오늘도 사고가 나고 내일도 나고 매일 공직 사회의 사고가 터지는데 대통령은 자꾸 '공직자가 잘한다, 여러분을 믿는다' 하니까 바깥에서는 이상하게 보일 것입니다.

공직 사회가 완벽하다고는 생각하지 않습니다. 어느 조직이든 지난날의 문화로부터 영향을 받습니다. 지난날의 습관, 문화의 잔재가 끈질기게 내려오는 것입니다. 관료주의의 잔재, 독재 시대의 소위 '관존민비'와 비슷한 태도 등, 그런 문제점이 없다는 뜻은 아닙니다. 그러나 지금 벌어지고 있는 공직자의 어두운 그늘은 지난날보다 많이 줄어든 것이라고 저는 생각합니다.

우리 사회의 부정부패는 상당히 해소됐지만 연고주의, 지역주의, 학벌주의 그리고 온정주의 등은 공사가 분명하지 않아서 생기는 것인데, 그런 점은 아직 많이 남아 있습니다. 그러나 돈을 주고받는 부정부패는 현저히 줄어들었습니다. 김영삼 대통령의 금융실명제가 아주 크게 기여했고 참여정부의 검찰권

독립도 거기에 기여하고 있을 것입니다. 돈을 주고받지 않는 온정적 정보 제공이나 편의 제공, 또는 차별적 배려 같은 것은 아직 공직 사회에 남아 있다고 봐야 합니다. 그런 것이 극복해 가야 할 앞으로의 과제가 아니겠습니까?

임기 말 레임덕

최근 일련의 사건으로 인해서 노무현 정권이 심각한 타격을 받고 있습니다. 심각한 정치적 타격을 받고 있는 것이 사실입니다. 그러나 그것은 권력 누수와 관계가 없습니다.

권력 누수는 보통 우리가 두 가지로 이야기를 하는데 미국에서는 대통령이 6년 차가 되면 보통 국회가 여소야대가 됩니다. 그리고 당내의 국회의원들도 협조를 하지 않게 됩니다. 그런 것을 이른바 레임덕이라고 이야기합니다. 의회를 여당이 지배하지 못하고 있는 상황, 또는 여당이 대통령을 적극적으로 뒷받침해 주지 않는 상황, 이 모두를 포함해서 권력 누수라고 합니다. 그래서 정부에서 만든 대통령 법안이 국회에 가서 부결되면서 점차 국민들의 신망도 잃어 갑니다. 대통령이 뭐라고 이야기를 하면 국민들도 '엇! 힘도 없는 사람이!' 이러면서 무게 있게 받아들이지 않습니다. 따라서 언론도 조금 냉소적으로 쓰게 되는 것입니다.

이런 것이 권력 누수 현상인데, 그렇다면 저는 취임하는 그날부터 권력 누수 상태, 말하자면 레임덕 상태에서 지난 5년을 지내 온 것입니다. 잠시 중간에 6개월 정도는 아니다 싶은 때가 있기는 했습니다. 그래서 한국 정치 구조에 문제가 있어서 이것은 개헌을 통해서 문제를 풀어야 한다고 개헌을 제기한 것입니다.

또 하나의 권력 누수는 공무원들이 지시를 따르지 않고 엉뚱한 짓을 한다는 것입니다. 그런데 그것은 임기가 6개월 정도 남아 있을 때에는 거의 일반적인 현상이라고 봐야 합니다. 지금까지의 상황을 비추어 보면 참여정부가 공직 사회에 대한 통제력을 굉장히 탄탄하게 가지고 있는 것으로 보면 됩니다. 어느 때보다 공직 사회가 긴장해서 일하고 있고 대통령의 명령을 성실히 수행하고 있습니다.

물론 이전 같지 않은 측면이 없지는 않습니다. 그러나 이것은 앞으로 어떤 강력한 정부도, 임기 6개월을 남겨 놓고서는 피할 수 없는 상황이라 생각합니다. 대통령제의 숙명이고 임기제 정권의 숙명이라 생각해서 특별한 문제로 생각하지는 않습니다. 어떤 정책을 놓고 '할 것인가? 말 것인가?' 망설이는 정책이 있습니다. 무리하면 임기 말까지 끝낼 수 있겠는데 과연 그것이 가능할까 하는 망설임이 있습니다. 그러나 공무원들이 나를 배반해서 내가 초라한 꼴이 되지는 않을까, 아니면 감추어 두었던 이것저것이 터져서 내가 망신이나 봉변을 당하지 않을까 하는 그런 생각은 없습니다.

성공하지 못한 대통령

저는 교양이 없습니다. 저도 대통령이 될 줄 알았으면 미리 연습을 하는 것인데, 체질적으로 제가 허리를 잘 굽히는 편이고, 윗자리에 앉으면 불안해하고, 말은 위엄 있게 행동은 기품 있게 할 필요가 없는 환경 속에서 살았습니다. 대통령을 준비하면서도 그런 생각은 못했습니다.

준비 안 된 대통령이라고 말하는 사람들이 많이 있는데, 다른 점에 있어서는 승복하지 않지만 언어와 태도에서 이야기한다면 충분히 훈련 받지 못했던 점은 있습니다. 우리 아내가 어디 행사장에 들어갈 때 고개 숙이지 말고 똑바로 걸으라고 하는데 저도 모르게 고개가 숙여집니다. 어쩔 방법이 없습니다.

고집도 조금 작용하는 것 같습니다. 잘 안 됩니다. 제가 고집이 센 사람인데 그런 점에서 인정을 합니다. 누가 뭐라고 하면 그거 고치면 되는데 끝까지 못 고치는 거 보면 천성적으로 고집이 센 거 아닌가 싶습니다. 예를 들면 예전에 제가 버스 안내하는 아가씨, 식당이나 서비스업에서 서비스하는 사람들에게 말을 낮추어 본 적이 없습니다. 어쩔 수 없는 기질입니다. 그런데 이런 것이 꼭 나쁘다고 볼 수는 없지 않나 싶습니다.

스웨덴의 훌륭한 지도자가 1983년경에 아내와 함께 극장에 갔다가 돌아가는 길에 정신병자로부터 저격을 받아 죽었습니다. 계엄이 선포되고 국가비상사태가 선포된 것은 아니었습니다. 우리나라에서는 그렇게 자유롭게 걸어 다니는 지도자가 없고 시민과 같은 높이에서 걸어 다니는 지도자도 없습니다. 그런 면에서 스웨덴이란 나라가 부럽습니다. 그래서 우리나라도 그런 나라로 한번 만들어 보자 생각했습니다. 저도 그런 지도자가 되고 싶은 마음이 있었기 때문입니다. 하지만 현실적으로 제약이 너무 많고 무리다 싶어서 접어 버리고 말았습니다.

그리고 후보 시절에 『노무현이 만난 링컨』이라는 책 서문에 '낮은 사람, 겸손한 권력, 강한 나라'라고 써 놓은 글이 있습니다. 그 연장선상에서 대통령이 되고자 했습니다. 어쨌든 그런 것이 이상주의적인 요소라고 말할 수도 있겠습니다. 실패한 대통령이라는 것은 조금 가혹하고 '성공하지 못한 대통령'이라고 말하는 것이 낫지 않은가 싶습니다.

잃어버린 10년, 참여정부 실패론

이런 이야기가 나오면 기분이 좋을 리는 없습니다. 사실 실패가 사실이라 해도 기분이 좋을 리가 없는데 그것이 사실이 아닐 때에는 정말 기분이 더 안 좋습니다. 참여정부 실패론은 절대로 사실이 아닙니다. 어떤 평가 기준을 대도 반박할 수 있습니다. 사실이 아닙니다.

딱 한 가지 사실은 모든 보궐선거에서 다 졌다는 것입니다. 그리고 말년에 지지도가 20%를 약간 상회하는 수준이라는 점입니다. 그렇다면 토니 블레어 영국 총리가 물러날 때 23%의 지지도였는데, 그도 실패한 셈이겠지요. 성장과 복지의 두 마리 토끼를 잡았다고 평가 받는 토니 블레어도 말년에 23% 지지로 물러났으니 그런 것을 보면 위안이 되기는 합니다.

참여정부 초반 내내 이야기했던 것이 경제 위기였습니다. 그다음에 경제 파탄, 민생 파탄을 이야기하더니 요즘에는 그 이야기가 다 들어가고 없습니다. 이제는 '규제 완화 안 했다, 공무원을 왜 그렇게 늘렸느냐?' 이 두 가지를 가지고 이야기합니다. 경제 파탄, 민생 파탄이 먹히지 않으니까 왜 작은 정부를 하지 않는가? 왜 공무원 수를 늘리는가? 규제가 오히려 더 늘었다, 그런 이야기밖에 하지 않습니다. 그러니까 경제 실패는 아니라는 것입니다. 제가 이렇게 강하게 이야기하면 서민들이 듣기에는 좋지 않을 것입니다. 그래서 한 번도 이렇게 이야기하지는 못했습니다.

요즘 대선 후보들이 다니면서, '내가 경제를 살리겠습니다'라는 이야기를 하고 있습니다. 그런데 그 이야기를 들을 때마다 '죽은 놈을 살려야지, 살아 있는 놈을 어떻게 살린다는 거야?' 하면서 혼자 웃곤 합니다.

성장과 복지

잃어버린 10년이라고 하는데, 경제만 놓고 이야기를 해도 10년 전에는 우리 경제가 엎어져 있었습니다. 국민의 정부가 5년 동안 그 엎어진 경제를 일으켜 세워 놓았습니다.

참여정부가 그 뒤를 이었는데 2003년과 2004년에 우리 경제는 휘청거리고 있었습니다. 엎어진 수준은 아니었지만, 휘청거리는 경제를 붙들어 세워서 똑바로 걷게 만들어 놓았습니다. 지금 우리 경제는 웬만한 바람이 불어도 흔들리지 않는 탄탄한 체력을 가지고 있지 않습니까?

우리나라의 경쟁력을 미리 앞서 볼 수 있는 지표가 주가이고 또 하나는 과학기술 경쟁력이라고 할 수 있습니다. 주가는 다 아시는 바와 같고, 과학기술 경쟁력이라는 측면에서 우리는 세계 10위권 국가가 아니라 5~6위권으로 올라가 있습니다. 지난 10년 동안 한국의 과학기술 경쟁력이 그만큼 급속하게 성장했음을 말하는 것입니다. 적어도 성장 잠재력이라는 측면에서 지난 10년간 한국 경제는 매우 훌륭하게 운영되었다고 말할 수 있습니다.

한국의 경제성장률에 관해서는 경제 하는 사람, 정치하는 사람, 언론, 국민 모두가 인식을 새롭게 해야 합니다. 중학교 때

1년에 10cm씩 자랐다고 해서 대학생이 되어도 10cm를 자라야 한다고 생각하면 이치에 맞지 않습니다. 한국도 이미 OECD 국가입니다. 그래서 성장률이 그 수준에 맞게 조정되어야 합니다.

그 수준을 무리하게 뛰어넘으면 인플레이션이나 금리 상승 등 많은 문제들이 발생할 수 있습니다. 그래서 이제는 적정 성장률만큼 성장해야 되고 그 변화를 국민들이 받아들여야 합니다. 그런데 아직까지는 일반적 인식이 바뀌지 않았기 때문에 저도 5년 전에는 "7% 성장합시다"라고 했습니다. 실현이 안 되었습니다. 당시에는 혁신의 효과로 2%가량 올릴 수 있지 않을까 생각했습니다. 그런데 5% 정도라고 하던 잠재성장률에는 이미 혁신의 요소가 포함되어 있었던 것입니다.

사실 7%는 말이 안 되는 이야기였습니다. 5년 전에도 7%가 말이 안 되는데, 지금 7%를 이야기하는 것은 매우 무리한 이야기입니다. 불가능합니다. 유가 인상 문제도 여전히 위험 요소로 도사리고 있지 않습니까?

2002년 유가 18달러에서 2003년에 28달러로 오를 때 참여정부가 출발했습니다. 그것이 2004년이 되니까 바로 50달러, 60달러, 심지어 70달러 선에서 안 내려갔습니다. 그 후 유가는 계속 오르고 환율도 계속 올랐습니다. 이 두 가지 악재를 안고, 경제를 이만큼 해 왔다는 것은 우리 국민들의 역량이 대단하다는 것을 보여 주는 것입니다. 2003년 당시 가계 신용의 위기로 엄청난 어려움을 겪었지만 그 어려움을 모두 감당해 온 것을 보면 우리 경제가 정말 만만치 않은 경제입니다. 앞으로 기름 값이 더 올라가면 또 어려워지겠지만 저는 우리 국민들이 마음먹으면 감당할 수 있다고 생각합니다.

　　지금 한국 경제는 체력적으로 건강하고 기술 수준도 제일 높은 수준입니다. 말하자면 컨디션이 아주 좋은 상태입니다. 기초 체력이 튼튼하고 기술 수준도 상당히 높은 축구팀을 한번 생각해 보세요. 지금 그런 상황으로 쭉 가고 있기 때문에 큰 무리가 없다면 경제가 굴곡 없이 계속 잘 갈 것입니다. 대신 5% 이상을 기대하는 것은 전체적으로 무리입니다. 서비스 산업이 취약하고 발전하지 못하고 있습니다. 국민들의 국내 소비가 그렇게 지속적으로 성장해 갈 수 있는 여건에 있지 않기 때문에 그 점에서 실질적으로 기적을 만들어 내긴 어렵다는 것입니다.

한국 경제를 흔드는 사람들

언론은 국민의 정부 시절부터 지금까지 내내 우리 경제가 위기라고 외쳤습니다. '경제는 심리'라고들 합니다. 경제가 망한다고 하는데 누가 소비하고 누가 투자하겠습니까? 언론들이 책임 있게 보도해야 합니다. 그러나 전혀 무책임하게 보도를 합니다. 언론의 입장에서 대통령과 정권이 마음에 들지 않으니 경제에 대해 계속 부정적으로 저주나 악담 수준의 기사를 쓰는 것입니다. 결국 저를 깎아내리기 위한 것인데 그래서는 경제가 되지 않습니다. 하도 답답해서 대통령 깎아내리려고 경제까지 깎아내려서야 되겠느냐는 이야기도 했습니다.

　　2004년부터 2006년 사이에 외국인 투자자들은 우리 주식에 투자를 많이 한 반면 국내 투자자들은 투자를 하지 않았습니다. 그래서 해마다 5월이 되면 이런 보도가 나옵니다. '외국 투자자들이 배당을 받아서 이익을 송금하는데 얼마다'라는 것입니다. 우리나라 주식시장에서 외국인들이 이만큼 벌어 갔다고 하면서 국민들 배를 아프게 만드는데 솔직히 한국 신문 보는 사람들이 누가 투자하고 싶겠습니까? 결국 일이 그렇게 되는 사이에 외국인들은 한국 시장을 정리하고 남길 만큼 남겨서 떠나가는 것입니다.

이것은 정말 어쩔 수가 없습니다. 2004년에도 똑같은 이야기를 했습니다. '안 된다, 안 된다' '위기다, 위기' 하는 식으로 하지 말자고 했습니다. 결국 그 후에 경제가 위기나 파탄으로 간 적이 없습니다. 2005년에 또다시 경제 위기 이야기가 나오고 해서 제가 주식형 펀드를 샀습니다. 경제 정보를 가장 잘 아는 대통령이 월급에서 주식형 펀드를 샀으니 '부동산으로 가지 말고 저를 따라오십시오'라는 메시지를 전달한 것입니다. 만일 다른 대통령이 그랬었다면 조중동이 대문짝만 하게 썼을 것입니다. 그런데 제가 하니 작게 썼을 것입니다. 생각해 보면 별로 따라오지 않은 것 같습니다. 하지만 그때 저를 따라온 사람들은 다 돈을 벌었을 것입니다.

경제는 정치적 목적으로 무리하게 하지 않으면 성공하게 되어 있습니다. 대통령이 사고만 치지 않으면 됩니다. 한국은 시장의 역동성과 가능성이 충분히 있는 나라입니다. 국민의 자질이 높은 만큼 우리 경제는 앞으로 가는 것입니다.

양극화와 민생

사람들이 불안해하는 것이 있습니다. 대학을 나와도 예전처럼 일제히 취직 시험을 치르지는 않습니다. 동시에 치르면 조금 나을 것으로 보이는데, 몇 명 안 되는 수를 뽑으려고 순차로 시험을 치르다 보니 구름같이 몰려듭니다. 경력 사원도 많이 뽑습니다. 직장에 들어간 사람도 이동이 많고, 그만두는 시간도 매우 빨리 다가오는 것 같습니다. 이런 불안정성이 매우 높아지고 있습니다.

요즘에는 5억~6억씩 받는 사장들이 많습니다. 예전에는 사장 월급이 부장보다 조금 더 받는 수준이었는데 미국식 바람이 불어와서 부장 월급보다 10배, 20배를 받는 사장이 있습니다. 신입 사원과는 100배 차이가 나는 것입니다.

그런 현실이니, 앞과 뒤의 차이가 크게 벌어졌습니다. 이것은 외환 위기 탓도, 국민의 정부나 참여정부 탓도 아니고 1990년대 초반부터 시작된 세계적인 조류입니다. 그래서 세계의 모든 나라가 이 문제에 대처하기 위해 여러 가지 새로운 정책을 개발하면서 대응해 나가고 있습니다. 우리도 그래야 합니다. 하지만 이런 사태에 대처를 해 나가야 하는데 외환 위기로 그냥 내리막이 아니라 벼랑 끝으로 떨어져 버렸습니다. 다시 거기서 시작해야 했기 때문에 더 어려웠습니다. 더욱이 우리나라에는 복지 과잉은커녕 복지 제도 자체가 존재하지 않았습니다. 중산층이 몰락했을 때 다시 소득과 사회적 지위를 보전해 주는 시스템, 즉 제자리로 다시 거두어 올리는 시스템을 가지고 있지 못했습니다.

옛날에 정치나 경제를 주먹다짐으로 하던 사람들에게는 그럴 필요가 없었습니다. 사실 1990년대 초반부터는 아주 빠른 속도로 그런 시스템을 만들어 가야 하는데 조금 게을렀고, 외환 위기로 한 번 엎어 버렸습니다. 참여정부 들어서 이래서는 안 되겠다고 생각해서 만들어 낸 것이 '비전 2030' 전략입니다. 요즘 학자들이 이야기하는 사회 투자 전략과 가까운 것입니다. 이것을 열심히 만들어서 2030년을 내다보면서 대책을 세워 나가고 있습니다. 국민의 정부에서 복지의 기초를 놓았다면, 참여정부는 25년 이상을 내다보고 장기 계획을 만들어 대책을 세워 나간 것입니다. 문민정부나 그 이전의 정부보다 훨씬 잘하는 것입니다. 지금도 무너진 중산층이나 불안정해진 일반 직장인들의 문제들을 오로지 성장을 통해서 해결하자며 1970~1980년대 노래를 반복해서 부르는 사람들이 있습니다. 그 사람들보다 훨씬 나은 것입니다.

참여정부 5년 내내 민생이 그렇게 좋지는 않았습니다. 특히 초반기에는 민생이 아주 나빴습니다. 그 점에 대해서는 저도 가슴이 아픕니다. 그래서 그 문제를 해결하기 위해 엄청난 노력을 했습니다. 후반부에 들어서는 많이 좋아진 것이 사실이고 앞으로는 더 좋아질 것입니다. 경제는 정책을 투입해서 효과가 날 때까지 상당한 시간이 걸리므로 참여정부가 노력한 결과는 앞으로 2~3년 동안 계속 나타날 것입니다.

이 대목과 관련해서 한마디 해 두고 싶은 것이 있습니다. 양극화는 한국에서만 나타나는 현상이 아니라는 점입니다. 변명하려는 것이 결코 아닙니다. 이 점은 사실로서 꼭 이야기해 두고 싶습니다. 양극화는 세계가 부닥쳐 있는 문제이고 또 세계가 함께 해결해야 하는 문제라는 사실을 분명히 이해해 주시면 좋겠습니다.

또 참여정부 초반에 있었던 민생의 어려움은 바로 2003년 당시의 경제 위기에서 비롯된 것이라 제가 예방할 수 있는 지위에 있지 않았다는 점도 변명해 두고 싶습니다. 그 뿌리는 IMF 위기에 있었고, 더욱 직접적인 원인은 2002년 연말부터 생긴 가계 신용의 위기였습니다. 그것이 원인이 되어서 우리 경제가 상당히 위태로웠습니다. 여러 곳에서 파열음이 나왔습니다. 당시 신용 불량자가 270만 명에서 시작해서 384만 명까지 올라갔다가 다시 내려왔습니다. 그 기간이 가장 어려웠습니다.

당장 어려운 사람들은 정부가 무언가 강력하게 해 주기를 바라고 또 야당은 당장 경기를 살려 내라고 야단을 칩니다. 언론도 마찬가지입니다. 경기를 살려 내려면 무리한 부양책을 쓸 수밖에 없는데 그러면 반드시 이후의 우리 경제가 다시 큰 위기를 맞게 됩니다. 그것이 경제법칙입니다. 그래서 무리한 경기 부양책을 쓰지 않고 끝까지 버텼습니다. 정말 힘겹게 버텼습니다. 그래서 건강한 모습으로 보답을 받고 있는 것입니다. 지금은 우리 경제가 매우 투명하고 건강합니다. 결국 지난 5년 동안 '원칙에 의한 경제'를 해 왔기 때문에 그렇게 된 것이라고 저는 생각합니다.

부동산 정책

부동산 정책의 본질은 결국 땅을 많이 가진 사람, 돈을 많이 가진 사람이 반대하는 정책을 하는 것입니다. 그것이 핵심입니다. 결국 부동산 거래 실명제가 첫째이고 그다음이 부동산 보유세 제도를 확실히 관철해 나가는 것입니다. 이렇게 하면 투기는 궁극적으로 잡힐 수밖에 없습니다.

그다음에 여러 가지 보조적인 수단을 사용하면 됩니다. 예를 들어 분양가 상한제도 하고, 공공 주택 공급도 늘리는 것입니다. 앞으로는 투기 억제만이 아니라 국민들의 주거복지 문제로 접근해서 정말 부동산 시장과 상관없는 사람들에게 집을 마련해 주는 국가적 프로그램을 만들어야 합니다.

거듭 말씀드리지만 부동산 정책의 본질은 거래 실명제, 보유세를 통한 부동산 세원의 투명화입니다. 실제 거래 내역을 등기부에 그대로 등재하고, 보유하고 거래하는 만큼 정당한 세금을 내게 하는 것입니다. 그렇게 하면 장기적으로 부동산 투기는 설 땅이 없게 됩니다.

그런데 이것을 두고 땅 많이 가진 사람, 돈 많은 사람 등 우리 사회의 힘 있는 사람들이 반대해 왔기 때문에 정책을 만들고 실행하는 데 번번이 실패한 것입니다. 다만 국민의 정부에서는 그것이 그리 큰 문제가 되지 않았습니다. 왜냐하면 IMF로 인해 부동산 경기가 내리막이었기 때문입니다.

참여정부는 보유세제를 '적당히'가 아니고 아주 확실히 했습니다. 그래서 한나라당에서 비판이 많은 것입니다. 보유세제를 제대로 한다는 것은 과표가 계속 올라간다는 것을 뜻합니다. 그런데 과표가 올라가는 것을 참여정부 들어서 부동산 가격이 올라간 것이라고 주장하고 있습니다. 그것은 아닙니다.

참여정부에서 부동산 정책을 여러 번 시행하게 되었는데, 두 가지 이유가 있었습니다. 하나는 국회에서 효과적인 정책을 쓸 수 있도록 도와주지 않았습니다. 다른 하나는 당시 우리나라의 화폐 유동성이 너무 높아져 버렸기 때문입니다. 아주 솔직하게 참여정부가 실수한 것을 인정한다면, 2006년도에 유동성이 폭발해서 부동산으로 몰리는데 그 순간을 제대로 포착하지 못해 한 번 놓쳐 버린 적이 있습니다. 그것이 참여정부의 실수라면 실수입니다.

하지만 전체적으로 참여정부에서 부동산 가격이 많이 오른 것은 아닙니다. 그것은 보유세제의 현실화 때문에 과표가 많이 올라간 것이 여러 차례 보도가 되어 그런 느낌을 주는 것입니다. 각 정부의 평균을 보면, 외환 위기가 있었던 특수한 시기를 제외하면 참여정부의 평균 부동산 상승률이 그렇게 높은 것은 아닙니다. 실수도 있었지만 결국은 제대로 마무리를 했다, 이렇게 자평할 수 있습니다.

비전 2030

'복지냐, 성장이냐'라는 이야기를 하는 사람들은 사실 아주 옛날 사람들입니다. 옛날이야기를 계속하고 있는 것입니다. 지금 어느 나라에서 '복지냐, 성장이냐'를 가지고 논쟁을 하고 있습니까? 이미 복지와 성장의 선순환 또 성장과 분배의 선순환은 정책으로 증명되고 있습니다. 미국의 클린턴도 그랬고 영국의 토니 블레어도 그랬습니다. 두 마리 토끼를 다 잡았습니다.

복지는, 우리 사회가 단지 경제적으로만 성장하는 것이 아니라 사회 통합, 나아가 지속 가능한 성장과 지속 가능한 경제사회로 가는 데 꼭 필요한 것입니다. 매사를 '분배냐, 성장이냐' 이렇게 이야기하면 이 복잡한 문제를 절대로 풀 수 없습니다. 결국이것은 옛날이야기이고 박물관에 보내야 될 이론입니다.

사실상 참여정부의 복지정책은 국민의 정부를 따라간 것입니다. 이미 복지정책의 기본적인 주춧돌은 국민의 정부에서다 놓았습니다. 그러나 그것은 골조만 있는 집입니다. 그래서 그나머지 집을 완성하고 내부 장식까지 한 것이 참여정부라고 생각합니다. 복지 예산에서도 전체 재정에서 2002년 복지 재정이20% 정도였는데, 2007년에는 28%까지 올라왔습니다. 8%는 작은 숫자가 아닙니다. 그렇게 참여정부가 노력했다고 볼 수 있습니다. 그러나 틀은 짜였지만 군데군데 돈이 부족했습니다. 그동안에는 예산의 구조 조정을 통해서 좀 떼어 왔는데, 앞으로는 걱정입니다. 앞으로 복지 예산, 복지 재정 문제는 우리가 풀어야할 매우 중대한 문제입니다.

'비전 2030' 문제도 그 과제의 연장선에 있습니다. '비전 2030'은 말하자면 성장과 복지를 함께 이루어 가자는 것입니다. 미래의 성장과 미래의 복지까지 다 해결하자는 프로그램입니다. 그런데 단순한 정책 구상만이 아니라 재정 계획도 2030년까지 다 만들어 놓았습니다. 그래서 그것이 상당한 의미가 있는 것입니다. 앞서 말했지만 돈을 어떻게 마련할 것인가가 굉장히 중요한데 그런 면에서 의미가 있다는 것입니다. 하지만 언론과 싸우느라 비전 2030이 별로 주목을 받지는 못했습니다. 그 점이 매우 아쉽습니다.

남북정상회담

남북정상회담을 앞두고

— 이 부분은 2007년 9월 5일 1차 인터뷰에서 구술한 내용이다.

정상회담이 한 달 정도 남았습니다. 처음에 연기가 되었을 때에는 준비할 기간이 늘어났기 때문에 조금 더 안도감이 생겼습니다. 그런데 지금은 '빨리 하고 말 것을……' 하는 생각도 듭니다. 시간이 흐를수록 자꾸 마음의 부담이 커집니다. 사실 꼭 해야 하는 일이라서 하지만, 어떤 결과를 만들 수 있을까 하는 심리적인 부담도 있고 무엇은 꼭 해야겠다는 강한 희망과 기대가 있으니, 어느 쪽으로든 부담이 상당히 많습니다.

항간에는 김정일 위원장과 제가 비슷한 데가 있어서 만나면 이야기가 잘되고 아주 큼직한 성과도 있을 것으로 기대를 표시하는데 저는 그렇게 생각하지는 않습니다. 물론 비교적 격식에 얽매이지 않으면서 솔직하게 이야기하고, 준비된 주제를 책 읽듯이 하는 것이 아니라 머릿속에 다 정리해 놓은 다음 순서에 구애 받지 않고 그때그때 대화의 흐름에 따라 필요한 주제들을 끄집어내고 정리하는 것은 비슷할지 모르겠습니다. 솔직하게 말하는 대화 스타일이 비슷하다는 이야기도 있는 것 같습니다.

그러나 대화의 스타일이 어떻든 국가 지도자들 사이에 소위 정치적 협상을 하는 자리에서는 개인의 스타일이 중요한 것이 아니고 정치적 상황이 가장 중요합니다. 결국 서로 원하는 것은 무엇이며 실현 가능한 것은 어디까지인가 하는 것에 대해 워낙 객관적 상황의 제약이 많기 때문에, 스타일을 가지고 협상 결과에 대한 기대와 결부시키는 것은 그냥 재미로 하는 이야기라고 생각합니다.

훨씬 더 중요한 것은 비슷한 점보다 다른 점입니다. 김 위원장은 절대적인 유일 권력자입니다. 모든 권력을 집중해서 가지고 있는 유일한 권력자란 말입니다. 저는 그런 절대 권력자가 아니기 때문에 두 사람 사이엔 근본적인 차이가 있습니다. 제가 할수 있는 일은 대체로 예측 가능성이 있는 반면, 김 위원장이 내놓을 카드는 예측 가능성이 조금 없는 것일 수도 있습니다. 그래서 우리가 대답을 얼마나 준비하고 회담의 분위기를 어떻게 잘 이끌어 내는가에 따라 기대 이상의 소득을 얻을 수 있는 가능성이 조금 있겠지요.

대선용이라는 주장

대선용이라고 이야기들을 하는데 대선용으로 남북회담을 만들 수 있으면 제가 아주 유능하고 막강한 지도자입니다. 남북회담을 대선용으로 만들 수 있는 정도의 정치적 영향력을 저는 가지고 있지 못합니다. 남북회담이 이루어진 것은 객관적인 상황이 변화한 결과입니다. 남북을 둘러싸고 있는 여러 가지 상황, 특히 북한 핵 문제를 둘러싼 상황이 변화하고 발전되어 왔기 때문에 그 상황의 결과로 남북회담이 가능하게 된 것입니다.

물론 이런 점을 인정하지 않는 논의들이 있습니다. 지금까지 '정상회담은 적기가 아니다'라고 말해 왔던 것은 6자회담의 상황이 회담을 가질 만큼 진전을 이루지 못했기 때문입니다. 하지만 지금은 그 상황이 진전되었습니다. 북쪽도 조금 변했고 미국도 많이 변했습니다. 결국 변하지 않은 것은 한국 쪽입니다. 우리는 일관된 입장을 가져왔고, 우리가 예고했던 대로 남북 관계가 진행되고 있는 객관적 상황 속에서 정상회담이 배치돼 있는 것입니다. 그렇기 때문에 대선용으로 만들었다고 하는 이야기는 알면서 한번 덮어씌워 보는 것입니다. 알면서 그런다면 회담을 봉쇄하려는 의도이고, 진짜 그렇게 믿고 있다면 참으로 무지하거나 어리석은 사람들이라고 할 수밖에 없는 것입니다.

정상회담을 도대체 누가 주도한 것이냐? 조금 전에 말씀드렸듯이 상황이 정리되어 정상회담을 할 수 있는 상황이 되었기 때문에 서로의 필요가 맞아떨어져서 이루어진 것이지, 누가 주도했다고 말할 수는 없는 것입니다.

정상회담 성과에 대한 전망

많은 기대를 가지고 있는데 제 임기 때문에 어렵다고 생각되는 부분들도 어느 정도 있기는 있습니다. 그러나 전체적으로 보면 그것이 중요한 것은 아닙니다. 예를 들면 정상회담을 정례화하는 일, 남북 간 경제협력이나 평화의 정착을 위해 협의체나 위원회를 만드는 것은 좋은 일입니다.

그러나 통일 방안은 근본적인 문제입니다. 이런 문제를 가지고 쌍방 협의체나 공동위원회를 만드는 문제는 우리 정부의 성격과 다음 정부의 성격이 같은 경우에만 할 수 있는 것입니다. 정부의 성격이 다를 때에는 본질적인 문제에 관해서 제도적인 협의체를 만들기가 쉽지 않다는 것입니다.

정상회담의 정례화 문제도 그에 해당하는 것인지 지금도 고심 중입니다. 그런 것과 그 이후의 문제들 때문에 어쨌든 제 임기가 많이 남지 않았다는 점이 아쉽습니다. 그럼에도 불구하고 중요한 것은, 평화 정착이나 경제협력 문제는 제 임기와 관계없이 어떠한 합의도 할 수 있습니다. 물론 다음 정부에 부담이 되는 합의는 있을 수 없습니다.

지금까지 한나라당이 남북기본합의서 등 정치적 선언을 통해 합의해 놓은 틀 안에서만 합의를 해도 우리가 원하는 모든 것을 다 할 수 있습니다. 어떤 합의도 그 틀을 넘어갈 수 없기 때문에 다음 정부에 부담을 준다거나, 다음 정부와 노선이 다르다거나 할 가능성은 없습니다. 공연히 정치적 트집을 잡는 것이 아니라면 그럴 가능성은 없습니다.

지난날 1988년도 7·7선언에서부터 1991년 남북기본합의까지의 과정을 보면 남북 관계는 한나라당이 그동안 만들어 놓은 틀 위에서 다 해결될 수 있습니다. 없던 것이 한 가지 있습니다. 신뢰가 없었습니다. 남북 간에 제도적인 합의가 부족했던 것이 아니라 남북 간 신뢰가 없었던 것입니다.

2000년 6·15정상회담이 중요했던 것은 끊어진 신뢰의 다리를 다시 만들고 규정이 아닌 실질적인 교류와 협력을 폭발적으로 증가시키고 확대시켰기 때문입니다. 남북회담을 둘러싸고 여야 간 많은 정책의 차이가 있는 것처럼 싸우는데 실제로 차이는 딱 한 가지, 신뢰성입니다. 적극적으로 무엇을 이루려고 하는 노력이 진심으로 있었느냐, 상대를 그만큼 신뢰하고 상대가 우리를 신뢰하도록 하기 위해 얼마만큼 성의를 다하고 필요할 땐 양보도 하고 타협도 했느냐, 인내할 수 있었느냐, 이런 차이라고 봐야 합니다.

야당과 언론 일각에서는 정상회담이 그냥 이루어졌겠느냐, 물밑에서 무언가 퍼 주기를 한 것 아니냐는 주장이 있었는데 언론이 받아썼습니다. 언론에 이야기하고 싶은 것은 다 받아쓰지 말고 신빙성 있는 것만을 받아쓰라는 것입니다. 그렇지 않으면 언론도 책임 없이 말을 하는 정치인들과 똑같은 수준이 된다는 것입니다. 정말 아무 근거 없이 하는 이야기들이고, 참여정부의 성격과도 맞지 않습니다. 적어도 지난 4년 반 동안의 경험을 통해서 참여정부와 뒷거래는 잘 맞지 않는다는 사실은 이미 증명되었다고 생각합니다. 뒷거래 없습니다.

정상회담을 마치고

— 이 부분은 정상회담 이후인 2007년 10월 20일 3차 인터뷰에서 구술한 내용이다.

힘들었던 이야기부터 해야겠습니다. 정상회담 첫날, 김정일 위원장이 아닌 김영남 위원장을 만났는데 그분의 준비된 발언이 있었습니다. 북쪽에서는 남쪽에 대해 항상 하는 비판적인 논리가 있습니다. 항상 제기하는 문제들을 가지고 한 45분 정도 장황하게 이야기를 했습니다.

　　대부분 내용은 말하자면 한국 정부의 태도를 질책하는 것입니다. 사실 오래 듣고 있으면 기본적으로 힘이 듭니다. 내용 면에서도 지적하는 것들이 감당하기 버거운 것이었습니다. 말하자면 '우리 민족끼리 하자고 해 놓고, 왜 계속 외세의 영향을 받느냐?', '왜 다른 나라의 눈치를 보느냐?', '그렇게 해서 남북경제협력이 자꾸 지체되고 합의도 지켜지지 않는다', '그래서 앞으로 어떻게 남북협력을 할 수 있겠느냐?' 주로 이런 이야기들이었습니다.

　　다음으로 중요하게 제기하는 문제가 북쪽에 이른바 '성지'라는 곳이 있는데 '왜 참배를 금지하느냐? 풀어라!' 또 '남북 관계를 가로막고 있는 법적, 제도적 장애를 풀어라' 합니다. 미루어 짐작하면 우리나라 국가보안법 문제입니다. 우리가 제기하려고 준비했던 경제특구 문제도 반론이 있었습니다. 그들은 자신들도 특구는 특별히 재미를 못 봤다는 식으로 말하면서 45분 동안 훈계조로 이야기하니까 참 힘이 들었습니다.

　　듣는 것도 부담스럽지만 어떻게 대응해야 하는가에 대해서 상당히 혼란에 빠졌습니다. 말하자면, 또박또박 논리적으로 대응을 해 줘야 할 것인가, 아니면 '대강 잘 들었다' 하는 수준으로 논쟁 없이 넘어갈 것인가, 그런 문제 말입니다.

　　이런저런 판단 때문에 머리도 어지럽고, 또 내일 김정일 위원장을 만났을 때 똑같은 이야기가 반복되면, 얼마 안 되는 시간인데 정상회담의 성과를 어떻게 감당할 것인가, 실제적인 이야기는 하나도 못한 채 서로 흐지부지되면 어떻게 하겠는가, 이런 것이 머릿속에 걱정으로 남았습니다. 그래서 힘들었습니다.

김영남 위원장의 이야기에 대해서 저는 '대체로 잘 들었다. 북한의 입장에서 하는 이야기로 그렇게 받아들이겠다. 하나하나 반론하지 않겠다'고 대강 그렇게 이야기했습니다. 다만 '항상 민족끼리 해결하자고 하면서 평화협정 문제는 우리를 왜 자꾸 빼려고 하느냐?' 이렇게 농처럼 한번 던졌습니다. 그러면서 '내일 김정일 위원장께서도 똑같이 반복하시면 회담에 무슨 성과가 있겠느냐?'라고 한 다음 그 자리를 마감해 버렸습니다.

다음 날 김정일 위원장을 만났습니다. 나더러 먼저 이야기를 하라고 해서 우리가 준비한 30분짜리 기조 발언 자료를 설명했습니다. 거기에는 우리가 제기하고 싶었던 여러 의제들이 다 망라되어 있었습니다. 30분 정도 이야기를 한 뒤, 김정일 위원장이 시작했는데 전날 김영남 위원장처럼 그 이야기들을 다시 반복하지는 않았지만 몇 가지 문제를 제기했습니다. 우선 '무슨 선언을 하자고 하는데 7·4공동성명부터 여러 가지 선언들이 지금 보면 그냥 종잇장에 불과한 것 아니냐?'는 것입니다. 선언으로 문제를 제기하기만 하고, 우리 민족끼리 하자고 하는 자주성이 없다는 이야기를 했습니다.

그리고 '특구를 하자고 하는데, 그 특구라는 것이 항상 정치적으로 이용만 하고 실질적으로 이득을 본 것이 없다'면서 '기왕에 하고 있는 개성공단이나 잘해서 마무리하고 다음에 생각해 보자' 하고 이야기가 지나가는 것입니다. 그러니까 이야기가 꼭 막히게 되었습니다. 머릿속으로는 이럴 거면 왜 오라고 했을까, 서로 논쟁이나 하자고 오라 한 것은 아닐 텐데, 하는 생각이 들면서 상당히 혼란스러워졌습니다. 그때부터는 머릿속에 온갖 생각이 다 들지요. 정말 뭔가 될 수 있을 것인지, 합의가 될 수 있을 것인지, 아니면 빈손으로 가라는 이야기인지, 이런 생각이 들어서 상당히 어려웠습니다.

그런데 머릿속에 하나 들어오는 것은 '아! 개혁·개방이라는 이야기에 대해 북측이 굉장히 거부감을 가지고 있구나' 하는 것이었습니다. 사실 사전에 준비할 때에 듣고 간 이야기이긴 한데 그래도 별로 실감을 못했습니다. 그런데 가서 부닥쳐 보니까 특구에 대해서 반발하고 나오는 것이 개혁·개방이라는 메시지 때문이라고 짐작이 되더군요.

점심시간에 나와서 그 문제에 대해 우리 수행원들에게 말했습니다. 점심때 제가 우리 수행원들과 이야기하면서 '우리가 개혁·개방에 대한 이야기를 너무 일방적으로 해 온 것 아닌가? 그래서 역지사지하자' 하는 취지의 발언을 했습니다. 그것이 뭐 좀 도움이 되었는지 모르겠습니다. 오전에는 매듭지은 것이 별로 없었습니다. 특히 경제문제에 대해서는 하나도 매듭지은 것이 없었습니다. 그런데도 북측은 대강 마친 것 아닌가 하는 표정이었습니다. 그런데 오후에 가 보니 의외로 오전에는 안 된다고 하던 것도 언제 그랬냐는 듯이 확 다 풀어 버리고 그냥 꺼내는 대로 '다 좋다!' 이렇게 되었던 것입니다. 그렇게 해서 다 풀렸습니다.

정상회담은 전체적으로 봐서 약 4시간 정도 대화를 한 셈인데, 사전에 결론에 관한 조율은 물론, 의제도 다 조율이 되지 않은 상태에서 직접 맞닥뜨린 것이었습니다. 그럼에도 북핵 문제에서부터 평화 선언에 관한 문제, 그리고 각종 경제협력에 관한 문제들, 이후 회담에 대한 문제, 이런 여러 가지를 다 합의하게 되었습니다. 돌아와서 가만히 결과를 평가해 보니까 상당히 전례가 없는 기록적인 정상회담이 아닌가 싶습니다. 굉장히 효율적인 회담이라고 자평하고 싶습니다.

오전에는 어려웠던 회담이 오후에 풀리게 된 것은 앞에서 말한 대로 점심때 제가 이야기한 진심이 잘 전달되어서 북측의 의구심이 풀린 것인지 아니면 김 위원장이 한번 확 밀어붙인 다음 나중에 조금씩 풀어 나가는 스타일이라서 그런지 알 수는 없습니다. 그러나 어쨌든 남과 북 모두 진심이 조금씩 통했기 때문이 아닌가 싶습니다.

김정일 위원장

김정일 위원장은 우리가 듣던 대로 거침없이 말하는 사람이었습니다. 만나 보니 맞는 것 같았습니다. 그다음에 제가 놀란 것은 국정 전반을 아주 소상하게 꿰고 있다는 것입니다. 그리고 우리가 개혁이니 개방이니 이런 것에 대해 말하면 자신의 소신과 논리를 아주 분명히 체계적으로 표현하더군요.

또한 회의에 김양건 통일전선부장 한 사람하고만 들어온다든지, 대화 도중에 무슨 일이든 시원시원하게 결정한다든지, 또 식사 중에 참모들에게 묻고 지시하는 것을 보면서 상당한 수준의 권력자의 모습을 보이기도 했습니다.

제가 보기에 우리와의 관계에서 대화가 되는 사람이다, 오래 이야기하면 말이 좀 통할 수 있는 사람이라는 느낌을 받았습니다. 본질적인 문제에 대해서 자기들의 주장을 쉽게 굽히거나 하지는 않겠지만, 실무적인 문제에 있어서는 상당히 융통성이 있고, 유연하게 결정들을 해 나갈 수 있는 그런 점에서 대화가 될 수 있는 사람이라는 느낌을 받았습니다. 제가 북쪽에서 많은 사람들을 만나서 대화를 해 본 것은 아니지만, 어쩌면 가장 유연하게 느껴진 사람은 김정일 위원장이고, 나머지 사람들은 대단히 경직되어 있다는 느낌이었습니다.

체류 연장 제안 자체는 깊이 생각했던 것이 아닌 것 같습니다. 저는 조금 당황스러웠지요. 회담을 더 하자는 말인지, 아니면 회담 이외의 일정을 조금 더 하라는 이야기인지, 이 부분이 구분이 되지 않았습니다. 그래서 제가 언뜻 물어본 것 같았는데, 그냥 넘어가 버렸습니다. 그러니까 저로서는 대답을 하지 못하고 머뭇거리게 되었습니다. 그런데 김정일 위원장이 "그거 결정 못합니까?" 그렇게 된 것입니다.

그런데 저는 또 평소 버릇대로 "큰 건 내가 결정해도, 작은 건 내가 결정 못합니다"라고 대답한 것입니다. 그 답을 두고 상당히 전략적인 대답이라고 해석을 많이 하는데 실제로는 노련한 전략적 대답이 아니고, 평소 습관을 그대로 이야기한 것입니다. 청와대에서 평소 무슨 결정을 할 때, 중요한 문제가 1안, 2안 나와 있으면 그 선택은 항상 제가 합니다. 물론 토론이야 충분히 거치지만 그 마지막 선택은 제가 합니다.

그러나 그 밖의 일정이나 특히 의전에 관한 것은 저에게 권한이 거의 없습니다. 예를 들면, 군사분계선을 넘어가는 순간, 걸어서 넘어갈 것이냐, 자동차를 타고 넘어갈 것이냐 이런 문제에 대해서 저는 사전에 아무런 생각도 못했습니다. 그런 절차 문제는 실제로 제가 결정하지 않습니다. 그래서 정직하게 사실대로 이야기했는데, 뒤에 보니까 그 대답이 제법 괜찮은 대답이더군요.

나중에 생각해 보니 일정이 좀 빡빡해서 그런 제안을 한 측면도 있었을 것이라는 생각이 듭니다. 실제 김 위원장을 만난 날과 이튿날 일정이 너무 빡빡하게 짜여 있었습니다. 또 아리랑 공연도 당시까지만 해도 비 때문에 할 수 없는 것으로 알고 있었습니다. 그러다 보니 '일정을 연장하라!'는 그런 제안이었던 것 같습니다. 그리고 또 상대를 보낼 때, 작별의 의미로 넉넉하고 성대하게 해 주고 싶다는 이런 표현도 하기는 했습니다.

정상회담 당시 카퍼레이드를 했던 것도 인상적이었습니다. 걱정하신 분들이 있다는 것을 나중에 들었습니다. 그러나 준비하는 쪽에서는 북한에서 벌어지는 행사에 대해서 안전 문제를 걱정한 사람은 거의 없습니다. 물론 경호팀은 항상 대비를 하지만 그렇다고 북쪽 정부의 악의에 대해 의심을 한 일도 없고, 또 북쪽 체제 내 질서의 안전성에 관한 문제도 크게 걱정하지 않았습니다. 그것이 실제적인 현실입니다. 많은 사람들은 좀 위험하지 않겠나 했겠지만 지금까지 세계적으로 그런 역사가 없었습니다. 또 남북 관계도 그것을 의심해야 할 만한 상황은 아니었습니다.

하지만 국민들 눈에는 위험해 보일 수도 있겠지요. 정부 관계자는 북한을 잘 알지만 국민들 중에는 북한에 대해 아직도 의심을 가지고 있는 사람들이 있고, 또 외교상의 관례에 대해서 충분히 알지 못하기 때문에 좀 위험한 일 아니냐는 생각을 할 수도 있겠습니다. 그러나 실제로 그런 일은 없습니다. 사실 북쪽과는 의전의 큰 틀에 대해서는 사전에 합의를 하지만 작은 절차에 관해서는 사전 합의를 하지 않고 그쪽이 결정하면 따라가는 그런 불확실성이 있습니다. 그래서 모든 것을 미리 알 수는 없지만 대체로 그런저런 절차가 있을 가능성이 있다는 점에 대해 충분히 미리 준비해서 갔습니다.

NLL을 평화 협력 지대로

북핵 문제는 사실 9·19선언의 내용에 다 들어 있습니다. 그 안에 없는 것이 없습니다. 결국 '9·19선언 이행한다' 이러면 다 해결되는 것입니다. 따라서 '왜 북핵 문제에 대한 내용이 없느냐, 왜 그것밖에 없느냐?' 하는 주장들은 내용을 잘 모르고 하는 이야기입니다. 어쩌면 그냥 시비할 것이 없으니까 그거라도 시비를 걸어 본 것으로 보는 게 맞을 것입니다.

이번 회담에서 가장 공을 들였던 것이, '서해평화협력특별지대'였습니다. NLL(북방한계선) 문제 때문에 그동안 경제협력과 군사적 보장에서 전부 문제가 발생하고 있었습니다. 그리고 NLL에 대한 주장이 서로 다르다 보니 현장에서 늘 충돌 위험이 있는 곳입니다. 그래서 가장 공을 들였던 것이 서해평화협력지대입니다. 왜냐하면 그 안에 NLL이 들어 있고, 또 여러 가지 경제적인 협력 과제가 한꺼번에 들어 있기 때문입니다.

그동안 NLL 문제 때문에 충돌이 있었지 않습니까? 희생도 있었습니다. 이를 두고 우리가 목숨을 걸고 지킨 선이라고 자랑할 것만이 아니라, 평화를 만들어 낼 대안도 나와야 한다는 것입니다. NLL을 두고 '우리 국민이 목숨을 바쳐서 지킨 선이다'라고 말하는 사람들이 있는데, 거꾸로 보면 NLL이라는 분쟁의 선 때문에 우리 국민들이 희생된 것이기도 합니다. 실제로 쌍방이 많이 희생되었지요. 그래서 저는 NLL 문제는 어떻게든 반드시 해결되어야 한다, 특히 NLL 문제를 근본적으로 해결하긴 어렵더라도 그로 인한 분쟁만은 반드시 막아야 한다고 생각했습니다.

그것은 남북정상회담을 하기 훨씬 이전부터 매우 중요하게 생각하고 다루어 왔던 문제입니다. 실제로 그랬습니다. 지난날 북측에서 장관급 회담을 거부했다가 다시 열자고 우리에게 제안을 했을 때, 제가 거부하라고 했습니다. 그리고 회담을 성사시키는 전제로 NLL 충돌 방지를 위한 실무 협의를 하자고 요구했습니다. 그만큼 NLL 문제에 신경을 많이 썼던 것입니다.

그러나 NLL 문제는 단박에 해결할 수 있는 성질의 것이 아닙니다. 그래서 근본적인 문제는 뒤로 미루고 우선 평화, 경제협력 등을 합의한 다음, 이를 위해서 NLL 문제와 관계없이 협력하여 일정한 평화지대를 만들면, 크게 싸우지 않고 분쟁의 소지를 예방할 수 있는 장치가 되지 않겠는가? 게다가 경제협력까지 잘 되니까 그야말로 '꿩 먹고 알 먹고' 하는 좋은 사업 아닌가? 그래서 우리가 미리 준비하면서 사전에 여러 가지 논리도 구성하고, 또 설득하는 데 집중했던 것입니다.

사실 오전 회담에서는 이 문제가 해결되지 않았기 때문에 오후까지 하자고 강청해서 오후 회담을 했고, 결국 오후 회담에서 이 문제를 해결한 것입니다. 저는 우리가 의도한 대로 남북 간의 경제협력을 그곳에서 하게 되면 상호 간에 큰 경제적 이익이 생기고, 또 경제협력을 위해 서로 필요한 것들을 자유롭게 하는 새로운 질서가 만들어진다고 생각합니다. 그러면 자연스럽게 NLL 문제는 덮어 놓은 채로 평화적인 제도가 정착되는 것 아니겠습니까? 그래서 그것을 아주 중요한 성과로 판단하고 있습니다.

북핵 문제, 남북 관계, 동북아 평화

북핵 위기

참 어려웠습니다. 북핵 문제처럼 이렇게 어려운 문제는, 그때그때 상황에 따라 계속 다른 모습으로 나타나지만 바탕에 깔려 있는 본질적 구조는 변함이 없는 한 가지가 있습니다. 본질은 하나인데 조금씩 인식을 달리하고 조금씩 방법을 달리하기 때문에 어려운 것입니다. 그래서 본질적 문제를 정확하게 바라보면서 양쪽이 만족할 수 있는 방법을 찾아야 하는 것입니다. 본질의 구조를 정확히 판단하고 일관되게 그 원칙에 따라서 말하고 행동하고, 또 나갈 때는 나가고 기다려야 될 때는 기다리는 것입니다.

그런데 여기에 맞지 않게 주문들을 하기 때문에 어렵습니다. 저는 제 임기 동안 북핵 문제가 풀리는 상황을 볼 수 없을 것으로 판단하고 있었습니다. 그런데 우리가 예측했던 것보다 조금 더 우리에게 유리한 상황이 전개된 것입니다. 역설적입니다만, 이라크 사태가 장기적으로 풀리지 않고 교착상태에 빠져 있다는 점과, 미국의 정치적 구도가 바뀌어 의회에서 민주당이 득세를 했다는 점입니다. 그것이 우리가 예측하지 못한 상황입니다.

말하자면 이라크 사태도 일찍 끝날 것으로 알았고 공화당의 우세가 계속될 것으로 봤는데 그것이 역전됨으로써 이 문제를 풀 계기가 잡힌 것입니다. 다만 그런 환경이 변화했음에도 우리 한국이 일관된 원칙을 가지고 대응하지 않았다면 틀어졌을 가능성도 있습니다.

5년 동안 미국이 한반도에서 얻은 확실한 정보는 이겁니다. 한국 정부는 북한에 대한 무력 공격이라든지, 일정 수준 이상의 강한 압력 행사라든지 또는 미국이 원하는 만큼의 제재를 한국 정부가 순순히 수용하지 않는다는 점, 절대로 평화를 깨뜨리는 어떠한 모험도 단호하게 반대한다는 점, 이것을 여러 차례 경험을 거쳐서 확인한 것입니다. 그것이 미국으로 하여금 마지막에 이러한 결단을 하도록 만든 하나의 요인이 되었을 것입니다.

따라서 이 문제가 풀리게 된 서너 가지 요인 가운데 한국 정부의 일관성도 있습니다. 자랑 같지만 분명히 사태 해결의 한 계기를 제공하고 있습니다. 말하자면 평화적으로, 그리고 대화를 통해서 해결해야 한다는 일관된 원칙을 한 번도 바꾼 일이 없습니다. 또 앞으로도 바뀔 가능성이 없다는 점도 계속해서 예고했습니다. 우리가 협상할 때 항상 쓰는 전략 이론이 당근과 채찍 이론입니다. 그러나 대화를 이야기해도 채찍 이론을 너무 강조하면 그것은 결국 대화론이 아니고 정도를 넘어가게 되기 때문에 판이 깨지는 강경론이 될 수도 있습니다.

그 수준을 적절하게 조절하면서 적어도 우리가 넘을 수 없는 선, 즉 평화를 깨 버릴 수 있는 위험한 채찍은 쓰지 않겠다는 원칙을 강하고도 확고하게 계속 주장해 왔기 때문에 이 문제의 해결에 다가가게 된 것입니다.

협상을 할 때 나의 카드를 보여 주지 않는 것, 상대방이 내가 무엇을 할지 모르게 하는 것은 하나의 협상 전략일 수 있습니다. 그러나 그것은 보통 서로 이익을 가지고 나눌 때 하는 것입니다. 북핵 문제처럼 사태의 향방에 국가의 운명이 걸린 중대한 문제는 상대방에게 내가 어떤 행동을 할 수 있다는 것을 예측하게 해 주어야 합니다.

나의 포지션이 정확할 때 상대방이 전략적 상수로 계산한 다음에 행동하기 때문에 서로 예측하기가 좋은 것입니다.

대북 정책에 대한 평가

그동안 대북 문제와 관련해 '참여정부는 잘한 것이 아무것도 없지 않느냐?'라는 주장이 있습니다. 두 가지를 말씀드릴 수 있습니다. 하나는 지난 4년 동안 남북회담이 이루어지기까지 매우 정확한 인식과 예측을 토대로 상황을 관리해 왔고 최선의 프로세스를 수행해 왔다는 점입니다. 이것이 가능했던 것은 결국 신뢰를 구축한 결과입니다. 화를 내고 싶을 때 화를 참았고 상호주의적 접근으로 강하게 북쪽과 부딪치고 싶을 때에도 절제했습니다. 한미 공조를 하면서 참을 땐 참고 밀어붙일 땐 밀어붙이면서 그렇게 삼자 간 신뢰를 구축해 왔습니다.

말하자면 북쪽은 남쪽을 믿고 미국과 대화를 해도 되겠다, 미국도 한국을 믿고 북쪽과 대화를 해도 되겠다는 믿음을 가질 수 있도록 상황을 조성했다는 것입니다. 한국 정부가 어느 한쪽으로 확 기울어 버리면 어느 쪽도 불신 때문에 마음놓고 결단을 할 수가 없는 것입니다. 그 결단을 해 나갈 수 있도록 관리해 왔습니다. 가장 중요한 것은 신뢰의 축적입니다. 그것이 이번 정상 회담이 열리기까지 참여정부가 한 일입니다.

대북 관계의 원칙

그냥 두 가지로 이야기를 하겠습니다. 가장 중요한 것은 역시 몇 번 이야기하지만 신뢰입니다. 신뢰라는 것은 상대방의 인격에 대한 신뢰, 도덕성에 대한 신뢰와는 좀 다릅니다. 상대방이 가장 불안하게 생각하는 것이 뭐냐, 상대방이 불안하게 생각하는 것을 해소해 주는 것이 신뢰입니다.

무엇보다도 문제가 되는 것은 흡수통일, 무력 공격 같은 것 아니겠습니까? 무력 공격을 할 것이냐, 안 할 것이냐, 그런 것이 없다고 확실하게 해 줘야 하고 흡수통일을 할 생각이 없다는 점을 확실히 해 줘야 합니다. 따라서 북한 체제가 기존의 여러 합의에서 이야기한 것을 인정하고 존중하는 것, 그것이 우리의 정부의 정책이라고 할 수 있습니다. 분명히 믿도록 해 주는 것이 신뢰입니다.

2002년 북핵 문제가 터졌을 때 국내외에서 '칠 수 있다'라는 말까지 나왔습니다. 이렇게 했을 때 북쪽이 할 수 있는 대안이 무엇이겠습니까? 항복할 수 없다, 즉 죽기 아니면 살기로 할 수밖에 없는 것입니다. 그래서 칠 수도 있다는 이야기가 나왔을 때 분명히 반대한다고 했습니다. 미국 일각의 무력 공격설을 차근차근 잠재워 가기 시작했던 것이지요.

그다음에는 평화적 해결, 외교적 해결이라는 원칙까지 확인을 합니다. 그런데 그 말 속에는 경우에 따라서는 상대방과 대화하지 않고 압력으로 굴복시키는 방법도 포함되는 것이 아니겠습니까? 그렇게 해서 과연 남북 문제가 풀릴 수 있는가, 이 문제를 가지고 미국과 상당히 많은 대화와 논쟁을 했던 것입니다. 결국 미국을 방문했을 때 대화를 통한 해결이라는 약속을 받아내게 되었습니다. '평화적 해결'과 '대화를 통한 해결'과는 실질적으로 엄청난 차이가 있는 것입니다.

부시 대통령과 합의가 이루어졌지만 주변에 있는 많은 사람들은 못마땅했습니다. 그래서 국내에서나 미국에서나 채찍과 당근을 가지고 압력에 의한 문제의 해결을 계속해야 한다는 주장이 있었고, 그런 주장을 좋아하는 언론들은 압력 수단, 제재 수단을 계속 이야기했습니다.

사태의 진전에 대한 정확한 예측을 바탕으로 일관된 자세로 계속 추진해 왔는데 그런 것이 결국 원칙이라면 원칙입니다. 일관된 원칙, 대안이 있는 원칙, 그것을 계속 반복함으로써 축적되는 신뢰, 이런 것이 남북대화에서 가장 중요한 원칙이 아니겠습니까?

북폭설

2003년 초 제가 취임하기 전부터 그런 말이 나왔습니다. 그럴 수도 있다는 생각을 할 수는 있습니다. '전혀 그럴 가능성이 없다'고 단언할 수는 없지만, 그러나 제 수준에서는 그것은 설일 뿐이지 실행할 수 없는 것으로 이해하고 있었습니다.

그러나 제 수준에서 볼 때 그럴 가능성이 없다고 해서 그것이 아무것도 아닌 일은 아닙니다. 북폭설 때문에 국민들이 불안해하고 한국에 거래나 투자를 하려는 많은 사람들이 영향을 받고 있는데 거기에 대해 아무 말도 안 하고 넘어갈 수는 없는 일입니다. 그래서 '북폭이라니, 그것은 말도 안 되는 소리다, 있을 수 없는 일이다'라고 한 것입니다. 제가 이렇게 말하니까 일부 언론이나 전문가들이 '왜 대통령이 나서서 그런 소리를 하느냐? 미국이 마음이 상할까 우려되는데 경솔한 것이 아니냐'고 주장을 합니다.

많은 국민들과 외국 사람들이 불안해하고 있는데 실제로 북폭이 현실성이 없다는 점을 이해시키려면 누구의 말이 더 필요하겠습니까? 누가 이야기를 해 주어야겠습니까? 대통령의 말이 가장 신빙성 있는 것 아닙니까? '제가 대통령으로 있는 동안 북폭 같은 것은 없도록 할 터이니 안심하고 갑시다'라고 말했습니다.

미국의 경우는 어떠했는지 모르지만, 그것을 내세워서 한미 간 갈등으로 계속 몰아가니까 실제로 미국 사람들과 갈등이 생기지 않도록 사전에 조율할 필요가 있었고 또 갈등을 걱정하는 사람들에게 잘 관리하고 있다는 메시지를 보낼 필요가 있었습니다. 그래서 주한 미군 사령부에 가서 악수하고 사진도 찍고 그랬습니다. 불가피한 일이었지만 기분이 그렇게 좋았던 것은 아닙니다. 그렇게 하지 않을 수 없었던 것이 당시 우리의 현실이었습니다.

국내의 대결주의

2005년의 핵 보유 선언과 미사일 발사 당시 가장 힘들었던 것은
야당과의 관계였습니다. 야당이 몰아붙이는 것에 흔들리지 않
고 침착하게 대응하는 것이 제일 힘들었습니다.

핵 보유 선언, 미사일 발사, 핵실험 등 북쪽에서는 이것을
하나하나 정치적 무기로 사용하고 있는데, 당장 위험이 있는 것
은 아니었습니다. 그러니 그 수준에 맞추어 국민들이 불안해하
지 않도록 관리하고, 북쪽과는 회복하기 어려울 만큼 심각한 갈
등을 만들지 않는 것이 나중에 문제를 풀어 가는 데 도움이 되지
않겠습니까?

미국 쪽에서는 그런 일이 있을 때마다 북한에 대해 강력한
제재의 위협을 가해야 한다고 주장합니다. 그러나 그것은 북한
을 너무 우습게 본 것이라고 생각합니다. 미국에서 제재와 압력
에 대한 공조를 요구하는데, 그것은 현실성이 없기 때문에 우리
로서는 될 수 있으면 대화에 의한 해결 쪽으로 가고 이를 위해
당근을 사용하자, 즉 이익을 제공하자고 설득을 합니다. 이익이
란 것은 안전보장, 관계 정상화, 경제 지원, 이런 수준입니다.

미국과 상당히 힘겨운 줄다리기를 해야 했습니다. 그 과정
에서 제일 어려운 것이 국내 언론입니다. 국내 언론은 미국의 강
경파들보다 더 강경합니다. 언론만이 아니고 야당도 있습니다.

국회에서 야당이 '더 강하게 협박하고 더 강하게 밀어야 한다' '왜 실질적으로 제재를 하지 않느냐'고 주장하면 언론들은 그것을 대문짝만 하게 쓰고 여론조사를 통해 정부가 잘 대응하지 못했다면서 흔드는 것입니다.

　　힘들었습니다. 지금 이 시점에서도 참으로 답답하게 느껴지는 것은 그때 그 사람들이 요구했던 대로 했다면 지금 상황이 어떻게 되었을까 하는 것입니다. 그 점에 대해 대결주의 정치인들이나 언론들이 생각을 조금이라도 하고 있는지 모르겠습니다. 한반도 평화와 동북아시아 평화를 어떻게 만들겠다는 것인지 아무 대안도 없이 몰아붙이기만 하는데 그것이 힘듭니다.

동북아시아 평화 구상

지난 4년 반을 회고해 보면 참 드라마틱하다는 생각도 듭니다. 북핵으로 시작해서 드디어 평화 선언까지 바라보게 되었으니까요. 북핵 문제는 우리가 대통령 선거를 할 당시에 발생했는데, 저는 선거에 바빠서 그 문제의 심각성을 잘 이해하지 못했습니다. 당선되고 나서 한숨 돌리고 보니 그동안 잘 가고 있던 남북 관계도 모두 중단이 되었고, 모든 것이 무너지고 있었습니다.

　　그 가운데 가장 결정적인 것은, '북쪽에 대해서 폭격을 해야 된다' '무력행사를 해야 된다'는 의견들이 거침없이 나오고 있었던 것입니다. 정말 아찔한 상황이 된 것입니다. 당시 제가 할 일은 일단 무력행사 분위기를 바꾸는 것이었습니다. 아주 절박했습니다. 그러면서 한 고비 한 고비 넘어갔습니다. 북한의 핵 보유 선언이 나오고 나서 제가 2005년 6월에 미국에 가고, 그 후 정동영 특사가 김정일 위원장을 만났고 9·19선언이 있었습니다. 그렇게 잘 가더니, 또 BDA(방코델타아시아 은행) 사건이 불거지면서 다시 미사일 발사, 핵실험까지 갔던 것입니다.

갈 데까지 다 갔다가 다시 돌아와서 여기까지 왔으니 지난 4년을 돌이켜 보면 우여곡절도 많았습니다. 까마득한 옛이야기를 회상하는 것 같은 느낌이 들기도 하지만 지금도 살얼음판을 걷는 것처럼 아주 조심스러운 느낌이어서 보기에 따라서는 옛일을 돌아볼 여유조차 없는 상황입니다.

남북 간의 평화, 통일 문제를 그냥 남북 간의 문제로만 생각하는 사람들이 많이 있습니다. 그러나 그렇지 않습니다. 이미 동북아시아에서 해양 세력과 대륙 세력의 대결은 400년 전 임진왜란 때부터 시작된 것입니다. 그리고 근대화 물결이 밀려오면서 100년 전부터 지금까지 해양 세력과 대륙 세력 사이에 아주 긴박한 대결 구도가 형성되어 왔습니다. 그것이 나중에 냉전의 대치선으로 바뀌기는 했습니다만 동북아 지역에서의 역사적인 대결 구도가 한반도 분단의 원인으로 작용했고, 지금도 그 대결적 질서가 그대로 존재하고 있습니다.

이 대결적 질서를 함께 풀어 가지 않으면 남북 분단도 쉽게 극복할 수 없습니다. 그래서 우리가 남북 간의 협력이나 통합을 이야기할 때면, 항상 동북아시아 질서 전체를 놓고 전략을 짜 나가야 됩니다. 그런데 많은 사람들이 미국은 거기에서 빼야 한다고 요구합니다. 그러나 미국은 이미 동북아시아의 질서에 깊숙이 들어와 있는 소위 동북아시아의 세력입니다. 따라서 동북아시아의 평화 구조를 만들기 위해서는 남북한과 4대 강국이 서로 협력하는 질서를 만들어 내지 않으면 안 됩니다. 4강과 남북이 합의해야 동북아시아의 평화 질서가 만들어지고 그래야 남북이 진정한 의미에서 하나로 다가가는 데 장애물이 없어지는 것입니다. 남북 관계를 진전시키는 과정에서 미국과의 관계가 매우 중요합니다. 일본도 함께 그렇게 가지 않으면 안 될 것입니다.

　모르는 사람들은 가끔, '왜 당신은 자꾸 친미를 하는가?' 하고 묻습니다. 그런데 남북 문제나 동북아시아의 문제를 풀기 위해서는 친미도 하고, 친북도 하고, 친중, 친소, 친일도 다 해야 됩니다. 고전적 의미의 친일은 아니지만 그렇게 해야 합니다. 특히 지금은 핵심적인 쟁점이 북핵 문제이고 이 문제의 핵심 당사자는 북한과 미국입니다. 따라서 북한이나 미국과 좋은 관계를 유지하면서 신뢰를 가지고 설득해 양쪽의 갈등을 풀어 나가야 합니다. 우리의 권고나 조언이 받아들여지려면 신뢰가 있어야 합니다. 그것 말고 우리가 지렛대로 가지고 있는 것이 무엇이 있습니까? 없습니다. 우리가 여러 가지 작은 지렛대를 쓸 수는 있지만 결정적인 지렛대는 없습니다. 신뢰하는 바탕 위에서 양쪽을 끊임없이 설득해 가야 합니다. 그래서 참여정부의 노선이 친북·친미 노선이 된 것입니다.

한미 관계

한미 관계와 코리안 리스크

당선자가 되고 서둘러 방문한 곳이 주한 미상공회의소입니다. 북핵 문제로 투자자들이 빠져나갈 것이라고 해서 주한 미상공회의소와 유럽상공회의소를 찾아갔습니다. '한국에는 안보 불안이 없다'고 말했습니다. 그런데 질문이 뜻밖이었습니다. '북핵은 괜찮은가? 남북 관계는 문제가 없는가?' 등의 질문이 아니고 '한미 관계나 한미 동맹은 문제가 없는가?'라는 것이 핵심적인 질문이었습니다. 이미 그 사람들도 남북 간의 문제에 대해서는 심각하게 생각하지 않고 있었습니다. 한반도에 금방 무슨 문제가 생긴다는 것에 대해서는 별로 우려하지 않는 것이지요. 그보다는 한미 동맹에 갈등이 생겨서 한반도의 안보 태세가 흔들릴지도 모른다는 점에 상당한 관심을 가지고 있었습니다.

물론 그 이유 가운데 하나는 제가 '좌파이면서 반미 대통령'이라는 이미지가 있었던 것입니다. 그것이 가장 큰 문제였습니다. 그래서 한미 간의 원만한 관계를 과시할 필요가 있었습니다. 급했습니다. 그래서 주한 미군 사령부를 갔고, 또 대통령이 된 후 첫 번째 중대사가 미국 방문이었습니다.

이라크 파병

이라크 문제를 생각할 때 무엇보다 중요한 것은, 우리가 미국의 요구를 모두 들어줘야 하는가에 대한 반감이었습니다. 미국의 작전이 '세계 역사에서 볼 때 정당성이 있느냐?'에 대해 많은 반론이 있었습니다. 대통령이 아닌 사람은 이에 대해 어떤 견해를 지녀도 좋습니다. 그러나 대통령은 한미 간에 반드시 필요한 우호 관계를 유지해야 합니다. 한미 동맹에 대한 신뢰를 유지할 필요가 있는 것입니다. 그 차원에서 바라볼 수밖에 없습니다.

우리나라의 분단에 대해 강대국 책임론과 국내 책임론이 다 있을 수 있지만, 미국의 책임으로 생각하는 사람들도 많이 있습니다. 그러나 그것은 우리 처지에서 보는 것이고 미국 사람들이 기억하는 것은 한국전쟁 당시 이곳에 와서 희생된 사람들입니다. 자신들이 가서 피를 흘리며 싸워서 함께 지켜 주었던 우방의 대통령으로 저를 대하는 것입니다. 외교에서 가장 중요한 것은 우리 국민들의 인식과 그 나라 국민들의 인식입니다. 미국 국민들이 한국에 대해 어떤 감정을 가지고 있는가, 그것이 한미 외교의 핵심입니다. 우리가 이라크 파병을 거절했을 경우 양국 정부 사이에도 많은 어려움이 생기겠지만 미국 국민들이 갖게 될 섭섭함이 길게는 한미 간에 많은 문제를 일으킬 수 있습니다. 그것은 한국이 외교정책 면에서 얼마나 자주적인 선택을 하고 있는가 하는 점과 별개의 현실적인 문제입니다.

이라크 파병 문제는, 당시에도 그랬고 지금 생각해 봐도 역사의 기록에는 잘못된 선택으로 남을 것으로 생각합니다. 그러나 대통령을 맡은 사람으로서는 회피할 수 없는, 불가피한 선택이었다고 생각합니다. 당시 저는 대통령이 역사의 오류를 기록하고 싶지 않다고 해서 그럴 수 있는 것이 아님을, 즉 스스로 역사의 오류로 남을 것으로 생각하면서도 부득이 그렇게 할 수밖에 없는 경우가 있음을 새삼 느꼈습니다. 대통령이라는 자리가 참으로 어렵고 무겁다는 생각을 했습니다.

그러나 어쩔 수 없이 보내는 것이긴 했지만 당시 파병 외교는 아주 효율적인 외교였다고 생각합니다. 당시 우리나라 보수진영에서는 적어도 1만 명 이상을 전투병으로 보내야 한다는 분위기가 일반적이었습니다. 청와대 내부에서도 생각이 두 쪽으로 갈려서 1만 명, 적어도 7,000명, 그렇게 보내야 하는 것 아닌가 하는 참모들이 있었습니다. 물론 안보팀 쪽이겠지요. 그리고 다른 한쪽에서는 '안 된다'고 했는데 결국 전투병 3,000명을 비전투 임무로 보내게 된 것입니다.

아무튼 그렇게 되기까지 청와대 안보팀의 굉장한 노력이 있었습니다. 당시 NSC(국가안전보장회의)의 실질적인 업무를 이종석 차장이 맡고 있었는데 그 사람도 NSC 차장이 아니었으면 아마 파병 반대론 쪽에 섰을 사람이 아닌가 싶습니다. 어쨌든 파병 반대를 하지 않고 미국과 시간을 들여 협상해서 결국 '3,000명에 비전투 임무'로 마무리를 지었습니다. 미국으로부터 대단히 감사하다는 인사도 들었습니다.

이후 한미 관계에서 여러 현안을 처리할 때마다 자이툰 부대가 정서적 지렛대 역할을 상당히 해 주었습니다. 그래서 저는 이종석 차장을 고맙게 생각합니다. 나 혼자였으면 그렇게 감당할 수 없었던 일인데, 신중하고 충성심이 있는 참모가 정말 중요하다는 생각을 하게 되었습니다.

그 후에 김선일 씨의 죽음을 접하고 '저의 탓인가' 하는 그런 부담이 생기기도 했습니다. 그러나 한편으로 보면 거기에 가 있는 나라들이 모두 막대한 희생을 치르고 있었습니다. 결국 국가가 국익을 위해 국민을 희생하게 할 수 있는가, 이는 인간과 국가의 역사에서 영원히 풀어 가야 할 수수께끼 같은 문제입니다. 그런데 대체로 지금까지는 모든 국가가 국익, 즉 국민 전체의 이익을 위해 사람들을 징집하여 목숨을 걸고 전장에 나가게 하는 일들을 하고 있습니다.

그것이 현재의 국가들이 보이는 보편적인 행동 양식입니다. 인류 역사의 발전 단계에서 현재의 역사가 아직 그 수준에 있는 것입니다. 그럴 필요가 없는 역사가 이루어질 수 있을지는 저도 확신할 수 없습니다.

가장 중요한 것은 일관성

미국 부시 대통령과 정상회담을 하면서 북핵 문제에서 제재와 대화 가운데 대화의 분위기를 만들기 위해 계속 설득을 했습니다. 만날 때마다 부시 대통령이 대화 쪽으로 왔습니다. 그러나 만나고 나서 시간이 흐를수록 제재 쪽으로 되돌아갔습니다. 그것은 그 지도자가 서 있는 정치 지형 때문입니다. 주변에 있는 강경파들의 의견이 계속해서 작용하기 때문에 끌려가는 것이지요. 그래서 제재와 대화를 계속 반복했는데 전체적으로 우리 정부가 중심을 일관되게 잡고 있었기 때문에 지금의 상황으로 온 것입니다.

중요한 것은 한국의 일관된 모습입니다. 지금 남북 관계에 대해서는 국회에서도 상황이 잘되고 있는 것으로 이야기하고 있지 않습니까? 여기까지 오게 된 가장 중요한 이유는 외교가 아니라 우리 정부의 일관성입니다. 일관성이 있어야 각자에게 어떤 상황이 발생했을 때 예측이 가능한 것입니다. 어떤 행동을 했을 때 한국 정부가 어떻게 움직일 거라는 것을 미국도 알고 북쪽도 아는 것입니다. 그렇게 서로 상대방의 행동을 예측하면서 행동한다는 것입니다.

협상을 할 때 포커페이스는 별로 좋지 않습니다. 우리의 위치가 계속 이동할 수 있다고 생각하면 상대방도 전략적으로 그에 따라 많은 카드를 준비해야 합니다. 그로 인해 서로 의견의 합치점을 만들어 낼 수가 없습니다. 자신의 위치와 좌표에 대해서는 포커페이스를 쓰지 말고 자기 원칙을 정확하게 내놓고 일관하는 것이 중요합니다. 그런 원칙에 대한 아무런 고려도 없이 좌우에서 일방적 관점, 단편적인 사실이나 가정 등 자기들의 주장을 마구 퍼부으면 그게 전부 정부의 무능으로 국민들에게 전달되는 것입니다. 협상을 하고 관리하는 데 상당한 부담이 됩니다.

한미 관계와 관련한 조중동의 보도는 생트집이 많습니다. 그것은 고려의 대상이 되지 않습니다. 그 사람들이 반대를 하면서 저를 비난한 일들이 있습니다. 작전 통제권 환수나 용산기지 이전은 제가 한다고 하니까 반대하는 것입니다. 실제로 작전 통제권을 스스로 행사하는 국가들이 많지 않습니까? 당연한 것인데 생트집을 잡는 것입니다. 작통권 환수, 주한 미군 재배치, 용산기지 이전 등은 다 노태우 대통령 시절에 시작한 것 아닙니까?

한미 간의 묵은 과제 해결

제가 대통령이 될 당시에는 한미 간에 중요한 과제로 비자 문제, FTA, 주한 미대사관 문제가 있었습니다. 보는 관점에 따라 찬성하는 사람들도 있었고 찬성하지 않는 사람들도 있었습니다. 그러나 굵직굵직한 정책 현안들은 제가 대통령을 하고 있는 동안 다 정리했습니다. 즉 갈등의 소재들이 다 없어진 겁니다. 앞으로 한미 관계에서는 별로 싸울 일이 없습니다. 그동안 해결하지 않고 왔기 때문에 한미 관계에서 쟁점이 되고 그것이 국내에서도 정치 쟁점이 되었던 것입니다.

지금 미국 민주당이 주도하는 의회가 FTA를 어떻게 진행할지 모르지만 FTA, 비자 문제에 대해서는 굉장히 호의적으로 해 주고 있고, 한미 우호 관계 결의안도 내면서 자신들의 우호를 표시하기 위해 많은 노력을 하고 있습니다.

북핵 문제를 풀어 나가는 과정에서도 한국 정부가 해야 할 역할을 항상 미국 정부에 이야기했습니다. 한국 정부가 할 수 있는 일을 자기들이 앞질러서 해 버려 입장이 난처해질 수도 있기 때문입니다. 한국의 역할을 분명하게 전달해 주었습니다. 한미 관계는 여러 가지 문제가 다 해결됐을 뿐만 아니라 필요한 만큼 우호 관계도 잘 관리되고 있습니다.

건강한 한미 관계

한미 간의 문제라고 하면 두 가지 차원에서 있을 수 있습니다. 한 가지는 정부 간 관계입니다. 한반도의 여러 문제들에 대해서는 한미 동맹을 비롯해 한미 공조가 필요합니다. 또 한미 관계에는 재조정해야 할 일들이 계속 생깁니다. 미국이 원해서 재조정하는 것도 있지만 우리가 원해서 재조정하는 부분도 많이 있습니다. 이런 문제를 푸는 과정에서 여러 갈등이 생기다 보면 결국 일이 잘 풀리지 않는 상황이 생길 수 있습니다. 그러한 국가적 업무를 수행하는 사람도 감정을 가진 인간이기 때문에 실제로 영향을 받는 경우가 있습니다.

다른 하나는 미국 국민들이 배신감을 느끼게 될 수도 있다는 것입니다. 그것은 좋지 않은 일입니다. 한미 관계를 지금과는 다른 관계로 가져가야 한다는 것이 분명한 방향이지만, 하루아침에 한미가 서로 등진다거나 갈라선다거나 하는 급격한 변화는 좋은 일이 아닙니다.

국제 무대에서 우리가 미국의 힘을 빌려야 할 일도 많고 또 경제 시장이라는 측면에서도 미국과의 관계를 원만히 유지해 가는 것이 필요합니다. 점진적으로 풀어 나가는 것입니다. 마른 나무 부러뜨리듯이 그렇게 하는 것은 아니라고 생각합니다.

앞으로 우리가 어떻게 관리해 나가는 것이 전략적으로 가장 현명한 선택인가, 지금 한미 관계가 바람직하지 않은 부분이 있다 하더라도 그것을 10년 만에 해결할 것인가, 3년 만에 해결할 것인가, 당장 해결할 것인가, 아니면 아무 해결도 하지 않고 이대로 갈 것인가, 이것은 전략적으로 매우 중요한 선택입니다.

점진적인 변화는 필요한데, 서로가 마음 상하지 않도록 합의해서 변화시킨다는 전략적 원칙으로 주한 미군 재배치, 용산 기지 이전, 작전 통제권 환수, 이라크 파병 문제를 관리해 왔습니다. 하루아침에 남남이 되자는 것이 아니라 앞으로 5년, 10년 뒤에도 이런 관계를 계속 유지해 가면서 합의의 절차를 밟아 서서히 변화시켜 가자는 것이었습니다.

한미 FTA

구상 시점과 배경

갑자기 등장한 것으로 생각하는데 그것은 사실이 아닙니다. 처음에는 한·칠레 FTA 때문에 생각할 겨를이 없었습니다. 제가 대통령 취임하고 반년이 지나지 않아서 전체적으로 우리가 FTA로 가야 한다는 방향은 이미 결정되어 있었습니다. 그러나 현실적으로는 한·칠레 FTA 비준 문제 때문에 상당히 시달리고 있어서 추가적인 FTA를 논의할 여유가 없었던 것입니다.

그러면서 우선 '좀 만만한 상대'들과 FTA를 먼저 추진했습니다. 일본과의 FTA는 시작하고 나서 깊이 들어가 협상을 해 보니까 일본이 제시한 조건이 우리에게 너무 맞지 않아서 위험을 부담하는 만큼 대가를 받을 수 없기 때문에 중단한 것입니다.

그러는 사이에 한·캐나다 FTA 논의를 하게 되었는데 그때 김현종 통상본부장이 '한·캐나다 FTA를 통해서 미국을 끌고 오겠다'고 말했습니다. 그때부터 한미 FTA를 본격적으로 연구하기 시작한 것입니다. 결국 해 볼 만하다, 두 번째는 우리가 먼저 앞서 나가야 한다는 것이었습니다. 그다음에 실질적인 이유도 있는데 국민들에게 도전의 메시지로 이것을 던질 필요가 있다는 점이었습니다. 말하자면 새로운 세계에 대한 도전의 메시지를 국민들에게 줄 필요가 있다고 생각했습니다. 그래서 FTA를 하기로 결정한 것입니다.

개방 전략의 성공 가능성은 아무리 열심히 연구하고 분석해도, 흔히 말하는 시뮬레이션을 해 봐도 여전히 불확실성이 남아 있습니다. 미래가 불확실한 경우에 뛰어들 것인가, 회피할 것인가? 세계 경제가 이렇게 운동해 가는 과정에서 우리가 FTA를 회피해도 함께 갈 수 있는 것인가? 낙오할 수도 있는 것입니다. 불확실하지만 뛰어들어야 적어도 낙오하지 않는다는 것입니다. 또 경우에 따라서는 조금 일찍 뛰어들면 앞서갈 수 있는 기회를 포착할 수도 있습니다.

그다음에는 우리 국민들의 역량에 대한 믿음입니다. 버거운 사태가 벌어졌을 때, 또는 지금부터 변화를 해야 하는 과제가 던져졌을 때 우리 국민들은 지금까지 한 번도 실패하지 않았다고 할 만큼 적응력이 높습니다.

감당해 갈 수 있다는 믿음, 우리 국민들의 역량에 대한 믿음, 그것이 FTA를 결정하게 된 중요한 이유입니다. 아무리 앞서가고 싶은 지도자가 있어도 국민들이 이 새로운 상황이나 혼란스러운 변화를 감당할 수 없다고 생각하면 절대로 결단하면 안됩니다. 그런데 국민이 충분히 감당할 수 있다고 보면 결단을 하는 것입니다. 저는 한국 국민들에 대해 그만한 믿음은 가지고 있습니다.

하나 더 덧붙인다면 앞으로 한국 경제의 속도는 농업의 구조 조정을 얼마만큼 하는가, 농업 경쟁력을 얼마만큼 세계 수준으로 끌어올리느냐에 달려 있다고 생각합니다. 농민들이 연세가 많기 때문에 은퇴하려는 농민들은 은퇴하도록 한 다음 다른 국가적 프로그램을 통해서 안정된 삶을 꾸려 나갈 수 있도록 뒷받침하고, 남아서 농사를 짓겠다는 사람들은 세계 일류의 농사를 짓도록 하는 것입니다. 이렇게 해서 농업 경쟁력이 세계 일류 수준으로 가지 않으면 우리 경제 전체가 앞으로 나아가기 어렵습니다. 그래서 농업 구조 조정, 농업의 경쟁력 강화 속도가 우리 경제의 속도를 좌우할 가능성이 매우 높습니다.

한미 FTA 반대 논리

여기서 제가 말하고 싶은 것은, 한국의 진보주의자들은 역사적 사실을 존중해야 한다는 것입니다. 역사를 안다는 것은 과거로부터 법칙을 배우고 그 법칙으로 현재를 이해하고 미래를 예측하는 것 아닙니까? 개방 문제와 관련해서 진보주의자들의 주장이 이후에 사실로 증명된 것이 없습니다. 대부분 사실이 아닌 것으로 증명이 되어 버렸습니다. 예를 들면, 1980년대 초반의 외채망국론, 저도 열심히 강연하고 다녔습니다. 책 읽고, 팸플릿도 읽었습니다. 일면의 논리는 있었지만 적어도 우리나라에서는 맞지 않았습니다.

그 뒤에 WTO(세계무역기구) 가입도 반대했습니다. WTO에 가입하지 않았더라면 한국이 어떻게 되었을까요? OECD(경제협력개발기구) 가입, 저도 야당일 때 안줏거리처럼 비판하고 다녔습니다. 그런데 OECD 가입이 지금 와서 잘못됐다고 이야기하는 것은 맞지 않은 것 같습니다. 그 후에도 우리나라 서비스업, 특히 유통업 등의 개방이 많이 있었고, 한·칠레 FTA까지 개방이 있었지만 다 넘겨 왔습니다.

제가 여기까지 이야기하면 진보 진영에서는 '금융 개방을 해서 외환 위기를 당하지 않았는가?'라고 말하고 싶을 것입니다. 그런 점이 없지는 않습니다. 그러나 그것은 개방 자체의 문제가 아니라 개방의 준비 부실 탓입니다. 경제 전체의 핵심적인 시스템에 해당하는 금융 개방 문제에 준비가 부실한 부분이 있었습니다. 그것은 준비 부실의 문제였지, 개방 자체의 문제는 아니었습니다.

외국 자본이 들어와 한국 자본을 지배해서 결국 한국 국민들을 노예화한다는 논리가 결국 완전히 다 바뀌지 않았습니까? 2002년 대우자동차 부평공장에서 GM 인수를 반대하며 공장 근로자들이 결사 투쟁을 했었습니다. 'GM의 자본이라도 들어와서 세계시장을 상대로 이 공장을 돌리면 여러분의 일자리는 복원되지 않겠느냐?'라고 제가 그렇게 호소를 했지요. 그때 일부 조합원에게 계란도 맞긴 했지만. 그러나 그때 해고된 모든 노동자들이 다 복직됐습니다. 당시에 GM이 인수를 하지 않았으면 그 공장은 문을 닫는 것입니다. 무슨 재주가 있겠습니까? 국가 자본이 들어와서 대우를 경영하라고 할 수는 없는 것 아닙니까?

정부가 부도난 회사를 인수해서 운영한다면 국민들이 가만히 있겠습니까? 용납이 안 되는 이야기입니다. 그 일뿐만 아니라 삼성자동차 역시 외국 자본에 팔지 말고 정부가 인수하라고 부산 시민들이 주장했습니다. 저는 외국 자본에 1원에 팔자고 제안을 했습니다. 그래서 욕을 먹었습니다. 지금 보십시오. 그 공장도 여전히 잘 돌아가고 있습니다. 그런 현실이나 사실을 한 번도 돌아보지 않는 자세는 공부하는 사람들의 자세도 아니고, 정치하는 사람들의 자세도 아닙니다.

정치하는 사람들이야말로 정말 과학적인 자세를 가져야 합니다. 객관적 사실을 사실로 인정할 줄 알아야 오늘을 바로 해석할 수 있고 내일을 예측할 수 있는 것입니다. 실제로 학자들이 미래를 예측하는 것 같아도 정치하는 사람들이 가장 과학적이어야 합니다. 정책에 있어서도 학자들보다 한 걸음 앞서가야 합니다. 그게 현실입니다.

예를 들면 케인스가 『고용, 이자 및 화폐에 관한 일반이론』에서 수요 이론을 말했는데 그것이 1936년입니다. 그런데 히틀러는 이미 1933년에 독일의 정권을 잡은 다음 사실상 케인스의 이론에 해당하는 공공 투자를 통해서 독일의 실업자를 100% 구제했습니다. 물론 그것을 토대로 국가자본주의 또는 파시즘 체제로 가 버렸지만 어쨌든 케인스 이론과 똑같은 것입니다. 케인스 이론이 나오기 3~4년 전에 정치가 먼저 검증을 한 것입니다.

특히 정치에 참여하는 진보주의 사람들에게 꼭 부탁하고 싶은 것이, 정책은 과학적 검증을 통해서 반드시 확인해야 한다는 것입니다. 공허하게 교조적인 이론에 매몰돼서 흘러간 노래만 계속 부르면 안 됩니다. 일부 고달프고 불평하는 사람들을 선동해서 끌고 갈 수 있겠고 소위 강단사회주의라고 불리는 급진 지식인들은 뭉쳐 갈 수 있겠지만 그것이 책임 있는 정답은 아닙니다.

언론 개혁

숙명 같았던 언론과의 갈등

정치 개혁의 상당 부분이 이루어지고 있습니다. 당시에는 난리를 치른다고 할 만큼 시끄러웠지만 결국은 다 이루어지고 있습니다. 참여정부는 이제 공권력 내부의 권위주의나 특권 구조 등을 정리하고 있습니다. 1987년 이후의 20년을 더듬어 보면 독재의 잔재를 개혁하는 과정인데 제 시기에 맞닥뜨린 것이 권력 스스로의 개혁, 즉 권위주의와 특권적 구조 해체라는 마지막 과제였습니다.

그런데 특권 구조 가운데 언론이 있습니다. 사실 언론도 권력과의 유착 구조가 오랫동안 있었습니다. 독재 시대에는 국가 권력과 유착이 있었고 이후에는 시장 권력과의 유착이 있습니다. 사실 민주화가 된 후 가장 큰 수혜 집단은 언론입니다. 언론이 우리 사회의 권력 주체로 등장한 것입니다.

이런 상황에서 제가 감당해야 하는 것은 두 가지입니다. 하나는 적어도 정치권력이나 정부 권력과 언론이 유착하는 관계를 가져서는 안 된다는 것입니다. 또 하나는 언론이 지난날 누려 오던 특권적 지위는 더 이상 인정해서는 안 된다는 것입니다. 이 두 가지를 어떻게 할 것인가 생각하고 있었는데, 당선되고 인수위를 하는 동안 언론의 일방적인 취재 활동 때문에 정부가 기능을 제대로 유지할 수 없는 일이 몇 가지 있었습니다.

그대로 가면 정부가 도저히 일을 할 수 없었습니다. 그래서 정부 기능의 보호라는 차원에서 취재 관행도 개선해야겠다고 생각했습니다. 그런데 이것이 사실 유착이나 특권의 문제와 결합되어 있는 것이었습니다. 그래서 이 문제를 정리하려고 한 것입니다. 기자실 문제를 개혁하자, 가판 구독 문제도 정리하자, 무단출입도 개선하자, 그다음 취재를 위해 접촉을 할 때의 원칙을 정하자, 절차를 거치도록 하자, 이런 것을 하다 보니 언론이 저와 각을 세우게 되었습니다.

전략적으로 용의주도하지 못한 것이 아닌가, 조금 더 요령을 가지고 유연하게 할 수 있는 방법은 없었는가, 이런 질문을 하기도 합니다. 어떤 방법이 있었을지 지금도 자문자답을 해 보지만 피해 갈 수는 없었을 것 같습니다. 상처는 상당히 큽니다. 왜 이 상처가 더 크게 보이는가 하면 예전에는 조중동과만 대결을 했습니다. 제가 대통령이 되기 전까지는 조중동만 적대적 언론이고, 나머지는 항상 우호적인 것은 아니지만 그렇게 적대적이지는 않았습니다. 그런데 대통령이 되고 나서 모든 언론과 갈등 관계로 들어간 것입니다. 언론 문제는 어떤 숙명이 있는 것 같습니다.

언론에 대한 가장 큰 불만은 이렇습니다. 언론이 저에 대해서 무엇을 비판해도 좋습니다. 다만 언론의 책임은 사회적 공론의 장을 열고 공정한 토론의 장을 여는 것입니다. 그럴 때 사회적 공기로서 국민들로부터 존경을 받는 것입니다. 따라서 적어도 취재 관행의 개선에 관한 정부의 사실 주장은 실어 주어야 하는 것입니다. 왜 사실에 대해서까지 우리의 주장을 봉쇄하는 것입니까, 그렇게 불만을 이야기했는데, 그 발언에 대해서도 소개조차 해 주지 않았습니다. 그런 점이 불만이고 안타깝습니다.

언론이 있어야 할 자리

큰 틀의 역사 발전 과정에서 언론이 국가권력인가, 시장 권력인가, 아니면 시민 권력인가 하는 질문을 던질 수 있습니다. 과거 시장 권력과 봉건귀족 권력 간에 갈등이 있을 때 언론은 시장 권력, 시민 권력과 함께 있었습니다. 그런데 시장 권력이 이처럼 우위에 있는 상황에서 '당신의 위치는 어디입니까?'라고 질문을 던지면 뭐라고 답할지 의문입니다.

시민 권력이 정치권력, 국가권력, 시장 권력을 제어하고, 그들이 권력을 행사하는 과정에서 시민의 권리와 가치가 침해되지 않도록 의무를 다하는 것이 언론입니다. 그리고 민주주의의 진행 과정에서 공정한 게임의 장을 열고 그 장을 공정하게 관리하는 것이 언론의 책임입니다. 그것이 민주주의 사회에서 언론이 하는 역할입니다.

그러나 지금 우리의 언론은 권력의 하수인 역할을 하다가 그로부터 해방된 다음에는 이 권력, 저 권력과 제휴하고 있습니다. 그것이 바로 조중동입니다. 노태우 대통령과 손잡고 가다가 말년이 되니까 그 카드를 버리고 YS카드를 거머쥐었고, 그래서 노태우 대통령은 일방적으로 망가졌습니다.

김영삼 대통령도 마찬가지입니다. 말기에 가니까 이회창 대안을 거머쥐면서 김영삼 대통령과 그 일파를 완전히 무력화해 버렸습니다. 그들이 권력의 대안과 결탁해서 직접 게임에 참여하는 주전 선수가 되어 있는 것입니다. 조중동이 주전 선수입니다. 그라운드에서 뛰고 있습니다.

김대중 대통령은 당시 보수 진영의 분열로 인해 당선되었는데 내내 조중동과 갈등을 일으켰습니다. 그래서 조중동은 절치부심 5년 뒤를 기약했는데 제가 다시 대통령이 되고 나니까 아예 편을 갈라서 싸웁니다. 그들이 정치의 주체가 된 것입니다. 물론 모든 언론이 그런 것은 아닙니다만 점점 확산되고 있습니다. 모든 언론이 성격을 달리해서 게임을 관리하고 심판하고 있습니다. '당신들은 선수가 아니다'라고 말해 주고 싶습니다. 진정한 의미에서 현재 언론이 서 있는 자리는 어디입니까? 정치권력입니까? 시장 권력입니까? 시민 권력입니까? 이것이 제가 묻고 싶은 것입니다.

제대로 된 언론이 시민 권력으로서 제자리를 잡고 역할을 할 수 있도록 하고 또 그렇지 못한 언론은 시장 권력의 대리인이나 정치권력의 대리인으로 자신의 본질을 드러내도록 사회를 투명하게 만들어 가는 것, 이것이 제가 바라는 결과입니다. 언론의 복잡하고 혼란스러운 작용을 투명하고 단순하게 시민들에게 전달되도록 하는 것이 앞으로 우리들이 해야 할 과제가 아닐까 생각합니다.

이 시기의 민주주의 발전 과정에서 가장 중요한 과제는 언론이 제자리를 찾아가는 것입니다. 다음으로 언론 특권과의 결탁을 완전히 해체하는 것이 우리 사회 발전 과성에서 꼭 필요한 단계입니다. 그래서 제가 포기할 수 없는 것입니다. 피할 수 없는 역사적 책무라고 생각하기 때문에 다른 의견을 가진 사람들, 예를 들어 '왜 언론과 싸워서 상황을 어렵게 만드는가?' 하는 사람들에게 질책도 받습니다. 그러나 제가 언론과 맞서 싸우지 않았다면 아마 무너졌을 것입니다. 제가 맞서 싸우지 않았더라도 그들이 지금과 크게 다르게 했을 리도 없습니다. 과연 제가 싸우지 않는다고 그들이 참여정부를 좋게 봐 주겠습니까?

그 사람들이 게임의 규칙이나 원칙을 지켜 가며 민주주의적 방법에 따라서 언론 활동을 하는 것이 아닙니다. 원칙도 규칙도 없이 막무가내로 공격하는 정치 투사입니다. 그런 사람들이 참여정부를 가만히 두었겠습니까? 저는 저항도 하지 못한 채 매달려 다녀야 됩니다. 귀여움을 받을 것으로 생각하는 것은 큰 오산입니다.

큰 진전은 이루어 내지 못했지만 참여정부가 하고 싶었던 것은 정치권력, 시장 권력이 아닌 시민 권력의 시대를 만드는 것이었습니다. 경제 면에서도 '더불어 사는 경제'를 한번 해 보고 싶었는데 상당수의 언론들이 그것을 좋아하겠습니까? 저와 생각을 같이하는 언론들도 저를 비판해야 자신의 민주성이 더 빛날 것으로 여겼는지 도와주지 않았습니다. 아니면 참여정부가 진보인 것으로 생각했는데, 너무 더디게 가서 진보가 아니라며 비판한 사람도 있을 것입니다. 그러나 제가 원칙으로 맞서지 않았다면 그 정도를 유지하는 일도 어려웠을 것으로 생각합니다.

정치 개혁 그리고 좌절

탄핵 시절

탄핵 때는 그야말로 담담하게 시간을 기다리는 수밖에 없었습니다. 그러나 그때가 매우 고통스럽고 불행한 시기였다고는 생각하지 않습니다. 일단 매일 탄핵을 규탄하고 저를 지지하는 촛불 시위가 계속되고 있었기 때문에 고통스러웠다고는 할 수 없는 상황이었습니다. 그 밖에도 우리가 질 것으로 생각했던 2004년 총선이 아주 잘 가고 있었기 때문에 저는 힘들었지만 견딜 수 있었습니다.

당시 야당에서 탄핵의 근거로 든 것은 탄핵 사유가 될 수 없었습니다. 그런데 당시 국회의 4분의 3이 적대 세력이다 보니 탄핵 발의가 통과된 것입니다. 정치적인 발언 한마디를 꼬투리로 잡아서 탄핵 사유를 만들었는데 그것은 어느 나라에서도 없던 일입니다. 한나라당은 원래 저의 당선 자체를 인정하지 않는 입장이었고, 민주당은 열린우리당의 창당에 대해 반감을 가지고 있었기 때문에 양쪽 세력이 손을 잡고 탄핵을 발의한 것입니다.

어떻게 보면 열린우리당의 창당도 결과적으로 탄핵에 이른 정치적 사유 중 하나라고 볼 수 있습니다. 하지만 열린우리당은 창당하지 않을 수 없는 정당이었습니다. 지역 정당을 벗어나서 전국 정당을 만들어야 한다는 정치적 당위가 있었기 때문입니다. 현실적으로 민주당에서 전국 정당을 만드는 노력이 쉽지는 않았을 것입니다. 제가 후보일 때 외부의 다른 후보와 내통하면서 해당 행위를 했던 사람들이 제가 대통령으로 당선된 이후에도 당의 개혁을 반대했기 때문입니다. 당의 개혁을 반대하니 결국 열린우리당이 창당된 것입니다.

대연정

제가 후보 시절 어디에 가서 이야기한 적이 있습니다. "대통령에 당선된 직후에는 국민의 기대감이라는 것이 있기 때문에 설사 여소야대 구도라 해도 최소한 타협을 하면서 국정을 주도해 갈 수 있을 것이다." 그러나 문제는 2004년 총선이었습니다. 거기서 우리가 패배했을 때는 과연 어떻게 정치를 할 것인가를 두고 고민했습니다.

그래서 '프랑스식 동거 정부, 내각제에 가까운 이원 집정부제를 모색하겠다'고 한 적이 있었습니다. 2004년 총선에서는 우리가 패배할 가능성이 훨씬 높다고 생각했습니다. 그런데 어떻게 보면 오히려 더 좋은 기회일 수도 있다는 생각을 했습니다. 여소야대 상황에서 실권을 가진 총리와 내각을 야당에게 주고 그 대신 선거구 개편을 제가 받으면 오랫동안 해결하지 못했던 정치의 구조적 문제를 해결할 수 있으므로 훨씬 큰 정치적 진보를 이룰 수 있다고 생각한 것입니다.

또 지역 구도를 해소할 수 있는 선거구 제도도 확보하고, 동거 정부를 통해 실질적 권력을 넘겨주면 협상을 통해 정치를 해나가는, '대화의 정치'라는 새로운 정치 문화도 만들 수 있지 않겠는가 하는 계산까지 했습니다.

그런데 그것이 그대로 안 되었습니다. 우선 예기치 못한 탄핵 사건 때문에 빗나가 버렸습니다. 제 생각에는 탄핵 사건이 없었다면 저쪽이 이겼을 것이고 그러면 선거구 제도를 협상하면서 무언가 되지 않았을까 생각합니다. 비례대표도 좋고 중대선거구제도 좋습니다. 어쨌든 지역 구도를 해소할 수 있는 선거구제 개편이 가능할 것으로 생각했습니다. 그런 내용을 미리 던져준 것이 2003년 첫 국회 연설입니다. 그때 상대방에게 이런 생각을 예고했던 것입니다. 그러나 아무도 진지하게 받아들이지 않았습니다.

제가 지나치게 이상주의적이었던 것도 있었습니다. 대통령 권력을 동거 정부로 해서 운용해 보려고 하는데, 저를 지지한 사람들과 정치조직이 과연 이것을 견딜 수 있을까 하는 점은 깊이 생각하지 않았습니다. 어찌 보면 조금 낭만적인 것이었습니다. 그리고 우리가 총선에서 이길 것으로 생각하지 않았던 것입니다. 이 두 가지에 착오가 생겼고 그래서 협상의 기회를 잃어버렸지요.

그런데 2005년 4월 30일로 여대야소가 뒤집어졌습니다. 그래서 그 국면에서 어떻게 빠져나갈 것인가를 깊이 생각하다 제 자신의 논리에 다시 빠져 버린 것입니다. 몇 사람 제외하고는 아무도 반대를 하지 않아서 찬성한다고 보고 좋은 아이디어라고 생각했습니다. 나중에 판단해 보니 좋은 아이디어가 아니었습니다. 탄핵 사건 때문에 야당은 제가 하는 모든 일에 고도의 술수가 숨어 있는 것으로 보고 전혀 말대꾸를 하지 않았습니다. 그래서 차질이 한 번 생겼고 또 우리 쪽에서도 이해를 하지 않았던 탓에 차질이 생겼습니다.

그리고 합당과 연정은 전혀 다른 개념인 데다가 서로 주고받는 것이 있기 때문에 그렇게 일방적으로 손해를 보는 것은 아니라고 생각했는데, 우리 쪽 사람들은 합당과 연정을 구분하지 않고 '당신 혼자 잡은 정권인가? 당신 혼자 넘겨줄 것인가?' 하고 생각했던 것입니다. 그러면서 사람들이 완전히 돌아서 버렸습니다. 저도 아차 싶었습니다. 정권을 바라보는 저의 의식과 정권을 바라보는 지지자들 사이의 인식이 이렇게 다를 수도 있다는 점을 미처 깊이 생각하지 못한 것이 또 하나의 오류입니다.

이런 오류 때문에 패착이 생긴 것입니다. 완전히 실패한 정책이 되어 버렸습니다. 그리고 그것이 오늘날 저와 열린우리당과의 관계, 나아가 저의 정치적 입지까지 연결이 되어 버렸습니다. 그것 때문에 우리 당에서 가장 유력한 대통령 후보감이라고 할 수 있는 사람까지 당을 깨자고 하니 문제인 것입니다. 2005년의 대연정 제안이 이런 행동에 간접적으로 영향을 준 것이라 생각합니다. 뼈아픈 실책으로 기억하고 있습니다.

선거법 개정과 개헌

우리 사회에서 어떤 문제는 시간이 흘러 적절한 시점이 되면 저

절로 고쳐지는 경우가 있습니다. 그러나 보통의 경우에는 오랫동안 그것이 의제화되어야 고쳐집니다. 의제화되고 공론화되지 않으면 절대로 고쳐지지 않습니다. 잠시 덮어 놓았다가 적당한 시기에 전격적으로 해결되는 문제도 있지만 훨씬 더 많은 문제들은 오랫동안 준비하고 토론과 논쟁의 과정을 거치면서 방향이 잡혀 갑니다.

사실 선거법은 굉장히 문제가 많습니다. 핵심은 선거를 바라보는 인식입니다. 옛날에는 선거란 나라를 혼란스럽게 하는 일, 시끄럽게 하는 일, 아니면 귀찮은 일로 생각했습니다. 그래서 그 기준에 맞는 규정을 만들었는데 지금도 그 잔재들이 많이 있습니다. 지금도 선거의 과열, 혼란, 이런 이야기를 계속한다는 것입니다.

거짓말만 아니면 블로그에 글을 올리든 말든 그것은 문제로 삼을 것이 아닙니다. 거짓말에 대한 법적 책임만 담보하면 되는 것이지요. 이런 것을 막는 것은 결국 그 글을 읽은 사람들의 판단을 무시하는 것입니다. 어깨띠를 매면 어지럽다고 하지 말라고 하는데 어깨띠를 보고 어지러워서 기절하는 사람을 저는 본 적이 없습니다. 돈 쓰지 않고 거짓말하지 않는 것이 중요합니다. 한도 이상 절대 못 쓰게 하고 거짓말로 중상모략하거나 공작하면 안 된다, 그것만 하면 되는 것입니다.

독재 시절의 잔재도 있습니다. 그중에서 가장 논란이 되는 것은 사전 선거운동 조항이고, 그다음으로 사리에 맞지 않는 것은 대통령에게 정치적 중립을 하라는 것입니다. 대통령은 정당 공천을 받아 선거를 통해서 뽑혔습니다. 그런데 선거에서 중립을 해야 하는가, 이것은 말이 안 되는 것입니다. 헌법에도 문제가 있는 것입니다. 상대방의 선거 전략이 참여정부를 비판하는 것인데 그것에 대응하면 저는 바로 선거법에 걸리게 되어 아무런 이야기도 할 수 없습니다. 개선해야 할 잘못된 제도입니다. 이런 것은 공론화해야 하는 것입니다. 그런데 다들 대강대강 때우고 있습니다.

헌법 개정 문제를 제기할 때도 개헌이 안 되는 것을 뻔히 알면서 자꾸만 왜 문제 제기를 하냐는 것입니다. 정말 힘듭니다. 개헌에 대해 문제 제기를 했을 때 토론도 하지 않고 언론이 담합해서 덮어 버릴 것으로는 생각지도 못했습니다. 언론이 그렇게까지 할 줄은 몰랐습니다. 정말 끔찍한 일입니다. 대의명분이나 정당성이 얼마나 힘이 있는 것인지 모르겠습니다. 지금의 제 심정은 대통령이 아니라 옛날 민주주의 운동할 당시, 또는 시민으로서 제도 개선 운동을 해 나갈 당시에, 당연한 것이 받아들여지지 않고 무시당할 때의 좌절감과 별로 다를 바가 없습니다. 심각한 좌절감을 느낍니다.

정치인 노무현의 좌절

대통령의 직무는 국가 운영입니다. 조금 더 욕심을 부려서 역사의 진보까지 관리를 하면 좋겠지만 대통령의 직무란 우리가 생각하는 대로 국가 운영과 위기관리를 잘하고 국가적인 비전을 제시하는 일들입니다.

대체로 대통령이 해야 하는 책무에 대해서는 열심히 했고, 앞으로도 남기지 않고 잘 정리할 것으로 생각합니다. 빈부 격차 문제, 양극화 해소, 경제성장률을 말하는 사람들이 있는데 그것은 단기간에 해결 가능한 일이 아닙니다. 그 문제에 대해서 할 만큼은 했고 냉정하게 따져 보면 성과가 그렇게 나쁘지 않다고 말할 수 있습니다.

제가 가진 정치의 목적은 나라의 정치가 제대로 운영되는 과정에서 민주주의가 조금 더 발전해 가는 것입니다. 그런데 정치의 발목을 잡고 있는 가장 암적인 요소들이 지역 분열입니다. 기회주의입니다. 이것을 한번 극복하고 바로잡아 보고 싶었던 것이 제 정치적 목표입니다. 이것이 성공하면 역사가 앞으로 발전하게 되는 것입니다. 거기에 목표를 두었는데 거의 원점으로 되돌아간 것 같습니다. 그래서 좌절감을 느끼는 것입니다.

정리하자면 대통령의 책무란 끝이 없습니다. 희망대로라면 모든 일을 다 완벽하게 처리하기를 바라지요. 그러나 현실에서 대통령이 그렇게 할 수 있는 것은 아니고 그 시기에 꼭 해야 하는 일들, 중요한 일들, 급한 일들, 멀리 미래를 위해 준비해야 하는 일들, 그런 것이 대통령의 직무라고 보면서 열심히 했고, 크게 미련으로 남겨 놓은 것이 없습니다.

많은 사람들이 저에 대해 평가를 하지만 제가 물어보고 싶은 것이 있습니다. "도대체 잘못된 것이 무엇입니까?" 이렇게 물어보고 싶습니다. 실제로 물어보면 딱 꼬집어서 말하는 사람이 없습니다. 그리고 제가 물려받던 상황과 제가 넘겨주는 오늘의 상황을 비교하면 많이 좋아진 것이 사실입니다. 5년 전과 지금의 상황을 비교하면 소위 제기 공약했던 민주주의의 과제, 즉 독재의 잔재를 청산하고, 제왕적·권위적 지도자의 정치 문화를 바꾸고, 낮은 권력과 법치주의와 투명하고 공정한 사회를 실현했습니다. 이런 문제들은 분명히 진보한 것이 맞습니다. 훨씬 더 민주적이고 합리적인 사회로 진보한 것이 맞습니다.

중요한 깃은 우리 정치의 근본적이고 본질적인 문제입니다. 이걸 해결해 보자고 인생을 걸고 도전했는데 그 점에 있어서는 결국 거의 원점에 돌아와 있습니다. 분열주의와 기회주의가 원점으로 돌아와 있다는 것입니다. 그것이 정치인 노무현의 좌절입니다.

가치가 실종된 대통령 선거

그동안 우리나라의 대통령 선거에서는 민주주의의 가치나 역사의 정통성, 그리고 권위주의 해체, 법치주의의 실현, 사회의 공정성과 투명성 그런 것들이 주제가 되어 왔습니다. 지난번 2002년 대선 당시 이회창 후보가 '반듯한 사회'를 주장했고 우리도 '상식이 통하는 사회' '떳떳한 국민, 당당한 나라' 같은 가치와 희망을 모아서 그것을 선거 구호로 내걸고 공약하면서 전선을 이루어 왔습니다.

그런데 이번 대통령 선거에서는 '무엇이 불의하다, 무엇이 잘못되었다' 그래서 '앞으로 민주주의 정치에서 무엇을 바로잡고 발전시키겠다, 무엇을 개혁하겠다' 하는 주제가 전혀 없습니다. 그리고 한국 사회가 이루어 나가야 할 역사 발전의 주요 과제, 말하자면 남북 관계나 평화 정책 같은 문제들이 거의 쟁점이 되지 않고 있습니다. 후보자 본인들은 어디서 토론할 때, 질문을 받고 답변하는 것 같은데 적어도 우리 언론에서는 전혀 쟁점화되지 않고 그냥 넘어갑니다. 내가 경제 잘하는 솜씨 좋은 대통령이다, 이런 것만 주장하고 있습니다.

도덕성 검증에 관한 문제도 당연히 필요한 것인데 흐지부지해 버리고 있습니다. 결국 이 시기 역사적 과제가 무엇인가 하는 것을 대통령 선거라는 중요한 국면에서 국민적 논쟁을 통해 과제로 설정하고, 다음 정부가 그 해결을 위해 노력하는 그런 역사의 과정이 생략돼 있다는 점이 매우 안타깝습니다.

요즘 솜씨 자랑을 많이 합니다. '경제는 내가 임자다'라는 식으로 솜씨 자랑을 많이 하는데 그것은 정치에서 흔히 있을 수 있는 일입니다. 다만 정치에서 정말로 우리가 선택해야 하는 핵심 요소는 정체성입니다. 그 사람이 진보주의자냐, 보수주의자냐, 이것이 가장 중요합니다. 그런데 진보주의나 보수주의 이전에 더 중요한 것은 그가 원칙을 아는 정치인이냐, 신뢰할 수 있는 사람이냐, 이것이 기본 요건입니다. '진보냐, 보수냐' 이전에 믿을 수 있는 사람이라야 진보도 있고 보수도 있는 것입니다.

진보와 보수 사이를 왔다 갔다 해서 그 사람의 말을 도저히 믿을 수 없는 경우에는 이미 정체성 평가를 할 수가 없는 것입니다. 그러면 심사 대상이 안 되는 것입니다. 유독 한국에서만 그런 기회주의자들이 도태되지 않고 있는데 그렇게 하면 안 됩니다.

그다음 적어도 인간적 신뢰가 있어야 합니다. 노무현과 차별화를 하려면 차별화할 가치가 있어야 할 것 아닙니까? 무엇을 잘못했다고 지적하고 무엇 때문에 차별화해야겠다고 이야기를 해야 하는데, '당신은 인기가 없으니까 차별화해야 되겠다' '당신 지지율이 떨어졌으니 차별화해야 되겠다'고 하면 인간적으로 배신자입니다. 그래서 원칙과 신뢰성, 일관성이 있어야 믿을 수 있는 것입니다. 그것이 기본 요소입니다.

이해찬, 한명숙, 유시민

세 분 다 훌륭한 재목입니다. 그 사람들의 지지도가 오르지 않는 것에 대해서 저는 항상 미안하게 생각하고 있습니다. 그러나 국민들에게 바람을 잘 일으키는 정치인이 꼭 바람직한 정치인인지는 생각해 봐야 합니다. 오히려 말을 떠듬떠듬하더라도 그 사람의 행적을 봐서 신뢰할 수 있으면 좋은 지도자가 아니겠습니까?

저는 오히려 바람이 통하는 민주주의가 우리 정치에서 또 하나의 독소적 요인이라고 생각합니다. 그래서 대중정당 시대를 지나서 조직 정당, 선거 정당이라는 말이 나오지 않습니까? 선거 기법으로 정권을 잡는 것이 큰 재주인 것처럼 선거 공학을 이야기하고 다니는 사람이 많습니다.

선거 공학이라는 것이 게임에서 이기는 전략, 전술이므로 오늘날 경쟁의 사회에서는 굉장히 통쾌한 기술일지 모르지만 민주주의 본질로서의 국민의 선택이라는 점에서 볼 때는 굉장히 위험한 것일 수 있습니다. 국민들이 자신과 공동체의 미래를 보면서 깊이 생각하고, 멀리 내다보고, 차분히 선택해야 되는데, 본질을 덮어 버리고 그냥 분위기를 만들어서 사람이 휩쓸리게 하는 기술이기 때문입니다.

지난 20년, 우리 사회의 진보와 진보 세력

1987년 6월항쟁을 거치면서 우리 국민들은 독재와 부정부패가 심판을 받는 모습, 그리고 민주주의의 가치와 제도가 흔들리지 않고 순조롭게 진행되는 것을 보고 싶어 했습니다. 그러나 실제로 진행되는 과정은 그렇지 않았습니다. 정권의 일부분을 독재자들의 한편에 맡겨 놓은 채 끊임없이 서로 투쟁을 통해서 점진적으로 문제를 해결하다 보니 모두들 갈증으로 목이 말라 있었습니다.

그래서 지난 20년을 끊임없는 시도와 끊임없는 실망의 반복으로 사람들은 기억하고 있을 것입니다. 그러나 20년 전과 지금을 비교해 보면 정치 민주주의, 사회 합리성, 사회적 원칙, 경제복지제도를 비롯한 사회제도에서 엄청나게 달라졌습니다. 눈부신 진보의 20년입니다.

이상한 것도 있습니다. 민주주의와 진보 사상 모두 지난 20년 동안 눈부신 진보를 이루었는데, 막상 민주주의 세력, 진보 진영 사람들은 그동안 흩어지고 깨지고 점차 힘이 빠지는 20년이었던 것 같습니다. 역사적 환경이 그렇다고 말할 수도 있지만 거기에는 우리 자신의 판단 오류, 잘못된 선택과 같은 것들이 쌓여서 그런 결과가 온 것입니다. 다시 생각해 볼 문제입니다. 어떤 사람들은 민주 세력이 지금처럼 와해된 느낌을 받는 것이, 하필 저의 대통령 임기가 끝나다 보니 저 때문에 그런 것이 아닌가 하고 의심을 합니다. 그러나 실제로 이런 상황은 5년 전에도 있었습니다. 당시도 우리 쪽은 거의 괴멸 상태였습니다.

10년 전에도 마찬가지입니다. 완전히 괴멸 상태였습니다. 그러니까 1997년 8월경까지 김대중 대통령의 당선 가능성은 거의 제로 상태였습니다. 그래서 민주 진영과 진보 진영 모두가 우왕좌왕하고 괴멸 상태에 있었습니다. 2002년에 와서도 굉장히 흔들렸습니다. 2001년까지는 그래도 우리 사이에서는 기운이 살아 있었는데 2002년 지방자치 선거 당시에는 김대중 정부도 바닥이었고 저도 바닥이었습니다. 그리고 그 이후에는 당도 뿔뿔이 갈라졌지요. 당의 이름은 같이 쓰고 있었지만 사람들은 다 갈라졌습니다. 5년 전에도 민주 세력, 진보 세력의 모습은 지금처럼 별 볼 일 없었습니다.

그래서 이 문제를 특정 정권과 결부시켜 이야기하는 것은 옳지 않습니다. 역사라는 것은 지난날을 생생하게 짚어 봐야 오늘의 상황이 조금 보이는 것입니다. 조금 전에 보고서를 하나 보고 왔습니다. 1970년대와 1980년대에 걸쳐 민주국가에서 정권이 얼마나 가고 어떻게 교체되는가 하는 자료를 받아 봤는데, 대체로 6년에서 7년 주기로 정권이 다 바뀝니다. 선진국에서는 영국이 좀 오래갔고 다른 곳에서는 8~9년 지나면 정권이 다 바뀝니다. 한계가 있다는 것입니다.

이 문제는 다른 차원에서 봐야 합니다. 정치는 평가입니다. 참여정부는 제가 언론과 싸웠기 때문에 공정한 평가를 받지 못하고 공격당한 것입니다. 유감스러운 것은 참여정부의 실적을 가지고 선거 마당에서 제가 변론하고 싸울 수 없다는 것입니다. 여당이 국민 앞에서 '우리가 잘못했습니다' 하고 항복해 버렸는데 제가 뭐라고 변명할 수 있습니까? 이런저런 이유를 들 수 있지만 여당이 국민들 앞에 잘못했다고 자복해 버렸기 때문에 이제 참여정부는 정당성을 갖고 싸울 수 없습니다.

3 한국 정치에 대한 단상

한국 정치에 대한 고언

국민의 눈높이, 역사의 눈높이

정치인들을 보면 대세에 편승해서, 즉 상황과 민심에 편승해서 표만 받으려는 사람이 있고 역사와 진보의 꼭 필요한 전선에 마주 서서 상황을 돌파하고 때로는 민심을 새롭게 일으켜서 이끌고 가려는, 그런 깃발을 세우는 정치인이 있습니다. 저는 적어도 지도자가 될 정치인이라면 후자여야 한다고 생각합니다.

제가 14대 총선을 부산에서 치렀습니다. 김영삼 대통령이 1990년에 3당합당을 해서 저는 부산에서 김정길 의원과 함께 소위 '낙동강 오리알' 신세가 되었습니다. 그때 김영삼 대표가 부산에 와서 허삼수 씨 손을 들면서 자신을 위해 허삼수 씨를 지원해 달라고 했습니다. 그 시절에 제가 부산에서 선거를 치렀습니다. 그 선거에 도전하는 것 자체가 의미가 있지요. 그 선거 때 썼던 구호가, "대붕역풍비 생어역수영"(大鵬逆風飛 生魚逆水泳)입니다. 김구 선생님 어록에 들어 있는 말인데, 큰 새는 바람을 거슬러 날고 살아 있는 물고기는 물을 거슬러 헤엄친다, 이런 뜻이지요.

요즘 '국민의 눈높이'라는 용어를 쓰는 지도자들이 있습니다. 제가 보기에는 여권에도 있고 야권에도 있는 것 같습니다. 대체로 차별화를 하는 여권 인사들이나 야권의 지도자를 하겠다는 사람들이 씁니다. 참여정부가 국민의 눈높이보다 좀 높은 사회적 의제, 정치적 의제를 많이 제기했다는 뜻이겠지요.

저는 일개 국회의원이라면 '국민의 눈높이' 수준으로도 그리 모자람이 없을 수 있다고 봅니다. 하지만 국가적 지도자가 되려는 사람은 국민의 눈높이를 넘어 역사의 눈높이에 맞춰야 한다고 생각합니다. 국민의 눈높이는 이승만 독재 시절에는 거기 찍어 주고, 박정희 쿠데타 있고 나니까 민정에 참여하는 헌법에 찍어 주고, 선거에 당선시켜 주었을 뿐만 아니라 삼선 개헌 국민투표도 해 주고, 유신까지 지지해 주었습니다.

그것이 국민의 눈높이였지만 그 바탕에 흐르고 있는 역사적 실체로서 진짜 국민의 눈높이는 4·19에 있었고 1979년 부마항쟁, 1980년 광주항쟁, 1987년 6월항쟁에 있었습니다. 이것이 또한 국민의 눈높이입니다. 그런데 그분들이 말하는 것이 이 눈높이는 아니라고 생각됩니다.

여론이나 민심이라는 말의 개념이 아직 명확하게 정의된 것은 아니지만 그때그때 움직이는 여론이 곧바로 민심은 아니다, 그 시기에 출렁이는 여론의 바탕에 면면히 흐르는 국민들의 의지와 정신이 있다, 그것을 크게 보아서 민심이라 하는 것이라 생각합니다. 보통 민심이라는 것은 그 정도 단위를 가지고 이야기해야 하는 것이지 당장 그때그때의 불평과 불만, 힘들어하고 푸념하는 것에 수준을 맞추면 안 된다고 봅니다. 물론 거기에 귀를 기울여야 합니다. 하지만 국민의 눈높이라는 것을 말할 때는 역사의 눈높이도 반영해야 한다는 제안을 하고 싶습니다.

대화와 타협, 진보와 보수

요즘 정치보다 경제가 더 부각되고 있다고 하는데 그렇지 않습니다. 현재 우리 민주주의 수준에서 국민들이 제일 강하게 요구하는 것이 투명성과 공정성입니다. 조금 더 나아가서 원칙 있고 신뢰할 수 있는 사회를 요구하고 있습니다. 이 부분에서는 상당한 발전이 있었다고 볼 수 있습니다. 아시아 여러 국가들 가운데 한국이 공정한 법치주의, 사회적 투명성, 원칙적인 일 처리라는 측면에서 볼 때 상당히 앞서 있는 쪽입니다.

그러나 투명성과 공정성, 그리고 원칙적인 법치주의, 이것만으로 성숙한 민주주의가 이루어지지는 않습니다. 한발 더 나아가 상대를 인정하고 존중하고 그러면서 대화하고 타협과 협상을 통해서 결론을 하나로 모아 나가는 통합의 과정이 부드럽게 이루어질 때라야 비로소 민주주의의 통합적 기능이 제대로 발휘되는 것입니다. 저는 이것을 어느 강연에서 제3단계 민주주의라고 표현했는데 이 부분에 관한 한 한국은 매우 초보적 수준도 아니고 부재 수준입니다. 아무런 발전이 없는 수준입니다. 그런 점에서는 아직 아쉬움이 많이 남아 있습니다.

민주주의의 역사를 보면 3단계로 나눌 수 있습니다. 초기에는 폭력적 권력이나 공포정치와의 투쟁, 독재 권력과의 직접적 투쟁 단계입니다. 그다음에는 공정한 법치주의의 단계를 거칩니다. 그것을 넘어서면 대화와 타협, 소위 성숙한 민주주의 단계로 갑니다. 이 3단계를 우리 참여정부가 한번 시작해 보자 했는데 이루지 못했습니다. 그런 점에서 한국의 민주주의가 낮은 수준에 있다고 말할 수 있습니다. 그런 문제들을 포함해서 이를 어떻게 해결할 것인가에 대해 많은 논쟁이 있어야 할 것입니다.

우리나라에 대화와 타협이 되지 않는 획일주의 정치 문화가 나타난 것은, 지난날 독재와 반독재와 같이 상대를 용납하지 않는 대결주의, 그리고 지역 간 대립 구조 같은 요인이 있었기 때문입니다. 또 대통령 권력과 여소야대라는 정치 구조로 타협이 강제되지 못했고 자발적으로도 그런 정치적 환경을 조성하지 못한 것입니다.

이런 문제들이 한국 사회에서 활발하게 논의되어야 합니다. 대화와 타협의 정치를 하겠다는 정도가 아니라, 대화와 타협의 정치를 뒷받침할 수 있는 정치제도를 이렇게 만들겠다거나 정치 문화에서 타협적 정치 문화를 어떻게 만들어 가겠다거나 하는 논쟁들이 실제로 있어야 하는 것입니다.

그다음으로 정치에서 진보와 보수의 노선 경쟁이 있어야 합니다. 민주주의 사회에서 복수정당제는 필수적인 제도입니다. 정당들은 서로 추구하는 가치를 달리하면서, 차별성 있는 가치를 가지고 서로 경쟁하는 것입니다.

역사적으로 보면 진보와 보수라는 서로 다른 가치를 추구하며 정당이 경쟁하지만 실질적인 정책에서는 타협이 이루어져 비슷비슷한 정책으로 수렴됩니다. 하지만 두 정당은 각기 분명한 정체성을 갖고 있는 것입니다. 이 정체성을 기반으로 우리의 미래 사회를 어떻게 설계할 것인가 하는 논쟁이 있어야 합니다. 그러나 가치와 전략의 논쟁이 한국 사회에서는 사라져 버렸습니다. 그래서 이번 대통령 선거가 우리 역사를 발전시키는 진보의 계기로 작용하지는 못할 것 같다는 느낌이 조금 있습니다.

보따리 정치

정치인들이 보따리 싸들고 이리저리 돌아다니는 것에 대해 제가 아주 신경질적으로 공격하는데 그것은 신뢰의 토대를 파괴하기 때문입니다. 보수와 진보 이전의 문제입니다. 심지어는 민주주의 이전의 문제라고 생각합니다. 민주주의, 정치 활동, 선거는 후보와 유권자가 투표를 통해 맺는 정치적 계약이지 않습니까? 정치적 계약이든 경제적 계약이든 신뢰가 없으면 질서를 유지하기 위해 엄청난 비용이 듭니다.

신뢰가 있는 사회에서는 질서가 유지됩니다. 원칙이 있고 준법이 있고 신뢰가 있는 사회가 왜 중요합니까? 사람들이 믿고 신속한 의사 결정을 하고 행동할 수 있기 때문입니다. 그것이 무너진 사회에서는 상대방을 믿지 못하니까 조사해야 하고 확인해야 합니다. 계약을 해 놓고도 약속을 위반하지는 않는지 뒷조사해야 되니, 경제활동이든 정치 활동이든 엄청난 비용이 들어갑니다. 그래서 말을 함부로 바꾸는 사람들은 지도자의 영역에서 퇴출시켜야 합니다.

정직하면 손해를 본다는 이야기를 아이들도 예사로 하는데, 그것은 우리나라 역사에서 정직하고 정의로운 사람들이 한 번도 성공하지 못했기 때문입니다. 일제 때부터 이런저런 기회주의 처신을 한 사람들이 성공한 사회였기 때문입니다.

멀리 보았을 때 나와 우리 사회에 이익이 되느냐를 따져 보기 전에, 당장의 이해관계와 이익에 따라 움직이는 것이 기회주의입니다. 우리 사회에서 굉장히 심합니다. 이것은 원칙과 신뢰 문제를 넘어서 지난날 우리 사회의 병폐, 물려받은 체질이기 때문에 의식적으로 이것을 다시 개혁해 나가는 역사적 논의가 필요한 것입니다.

그래서 이 시대에 이런 문제를 강조하는 것입니다. 우리가 1987년 이래로 정치 개혁을 계속 추진하고 있지 않습니까? 상당히 개혁되었습니다. 시장 개혁도 1987년 이래로 계속해 오고 있습니다. 예를 들면 관치 시장에서 자유로운 시장으로, 시장 주도 경제로 개혁해 가고 있지 않습니까? 이제는 우리 사회 구석구석에 배어 있는 독재의 잔재들, 편법주의, 기회주의를 근본적으로 개혁해 나가는 일이 중요합니다.

말 뒤집기

전시 작전 통제권(작통권) 환수에 대해 찬반이 있을 수 있습니다. 그러나 자신의 종전 주장을 거리낌 없이 뒤집는 사회 지도층이나 언론의 행태에 대해서는 대단히 환멸을 느낍니다. 우리 사회에는 진보도 있고 보수도 있습니다. 서로 얼마든지 싸울 수 있습니다. 그러나 그것은 반드시 사람의 양심과 정의, 신뢰성, 민주주의 규칙과 같은 토대 위에서여야 합니다. 그런데 이 원칙을 무시하고 그때그때 필요에 따라 태도를 바꿔 버리는데, 이것은 보수의 문제도 아니고 진보의 문제도 아닙니다. 바로 그 사회의 원칙과 신뢰를 파괴하는 일입니다.

정치에서는 그래서는 안 됩니다. 지도자도 언론도 그래서는 안 됩니다. 그렇게 하면 신뢰가 파괴되어 그 사회가 유지될 수 없습니다. 작통권 문제와 같은 전형적인 말 뒤집기 사례가 개헌입니다. 정치인과 언론들이 다 해야 한다고 주장했고 어떤 신문은 2007년 상반기가 적기라고 사설까지 썼습니다. 그런데 막상 개헌 이야기를 2007년 초에 끄집어내니까 전부들 논의를 중단하자면서 덮어 버렸습니다. 대선 블랙홀입니다. 남북정상회담도 대선용이라는 비난을 들었는데, 이 역시 대선용이라는 이유 하나로 덮어 버렸습니다.

말을 바꿨다는 점이 첫 번째 문제이고, 두 번째는 토론 주제를 내놓았는데 토론 자체를 거부했다는 것입니다. 토론 없는 민주주의가 어떻게 가능합니까? 언론의 기능이 뭡니까? 토론의 광장을 제공하고 거기에서 공정하고 활발한 토론이 이루어지게 하는 것인데, 오히려 언론들이 개헌 문제를 덮어 버리는 데 급급했습니다.

정치적 필요에 따라 정치인들이 말을 수시로 뒤집고 언론이 그것을 편들며 거들어서 같이 뒤집습니다. 행정수도 이전 문제도 그렇습니다. 말을 뒤집은 것 자체도 문제이지만 하나하나 이야기를 해 보면 말이 안 되는 것들이 있습니다. 공론을 덮어 버리는 언론이 어떻게 민주주의 언론입니까? 대선에 유리하다, 불리하다며 논의 자체를 덮어 버리는 정치 세력이 어떻게 민주주의를 주도해 갈 수 있겠습니까? 한국 지도자들의 세계에 심각한 문제들이 있는 것입니다. 이 많은 과제들을 하나하나 해결해 가야 하고, 그 책임이 정치하는 사람들에게 있다는 생각입니다.

정치인의 길

정치가 뭐 하는 것이냐고 물을 수 있습니다. 하지만 역사적으로 이 시기에 해야 될 일이 무엇인가, 이것이 제일 중요합니다. 정치에서 가장 중요한 것은 역사에 대한 인식입니다.

정치인을 평가할 때 가장 중요한 잣대는 그 사람이 그 시기의 역사적 과제를 어떻게 이해하고 있었으며 그 역사적 과제를 풀기 위해 어떤 노력을 했는가라고 생각합니다. 독일의 빌리 브란트가 경제를 잘했는지는 모르겠습니다. 그런데 어느 정도 시스템이 돌아가는 나라에서는 대통령이 누구냐에 따라 경제가 죽었다 살았다 하지는 않습니다.

우리나라와 싱가포르, 타이완, 홍콩 등 개발 국가라 부르는 특수한 몇몇 나라에서만 경제가 이륙하는 단계에서 권위주의적 지도자나 독재자가 했던 역할에 대해 높이 평가하는 경우가 있습니다. 그것을 인정한다 해도 그런 특수한 시기 이외에 어떤 정치적 지도자에 의해 경제가 죽었다 살았다 하지는 않습니다. 세계 역사에도 그런 사례가 없습니다. 딱 사례가 있다면 '동아시아의 네 마리 용'만 있는 것입니다.

그래서 빌리 브란트를 평가할 때 중요한 것은 그가 경제를 얼마나 잘했는가가 아니라는 것입니다. 빌리 브란트가 왜 높이 평가되었는가? 그것은 당시 독일의 역사적 과제였고 세계 인류에게 부과된 중대한 역사적 과제인 동방정책을 펼쳤기 때문입니다.

링컨 대통령도 마찬가지입니다. 링컨 대통령이 경제를 잘했는지에 대해서는 기록조차 없습니다. 외교를 아주 잘못했다는 기록은 있습니다. 그러나 그 시기 역사적 과제에 대한 본인의 이해와 그 문제를 해결하기 위한 노력이 중요한 것입니다.

시민 주권 시대

대통령, 시민, 역사 발전

대통령의 권능은 우리가 생각하는 것보다 훨씬 작습니다. 그리고 그 권능은 수많은 주변 여건과 얽혀 있습니다. 그래서 대통령이 뭘 하려고 마음을 먹는다고 다 되지는 않습니다. 제가 무언가하려고 할 때마다 시끄러웠던 것을 보았을 것입니다. 이런 점은 사회에서 이상을 가지고 권력을 만들고 또 그 권력에 기대를 갖는 사람들이 심각하게 고민하고 분석해 볼 문제입니다.

역사의 발전이라는 것, 다시 말해서 역사의 발전을 위해 그 사회의 제도와 문화를 개혁한다는 것은 대통령 한두 사람의 힘으로 이루어지는 것이 아닙니다. 우선 정치적으로 판이 잘 짜여야 하고 그다음에 그것을 강력하게 뒷받침해 줄 수 있는 국민적 요구가 있고 그런 변화가 순조롭게 이루어질 수 있는 여러 가지 주변 상황이 함께 어우러져야 합니다. 그럴 때 역사의 큰 진보가 가능한 것입니다. 대통령을 뽑아 놓고 그 대통령이 모든 것을 다 해야 된다는 생각을 가지고 있는 한, 우리는 항상 결과에 실망하게 됩니다. 실망하는 것 외에 다른 것은 없을 것입니다.

그렇다고 해서 자중하자는 것도 아니고 포기하자는 것도 아닙니다. 역사의 변화는 여러 가지 과정들이 엎치락뒤치락하면서 나타나는 것입니다. 만일 정치권력으로 무엇을 하려고 한다면 한 사람의 대통령을 만들 것이 아니라 그 사회의 중심이 되는 정치 세력을 만들어야 합니다. 그리고 가치를 지지하는 사람들의 흐름을 만들어 내야 합니다.

물론 전 국민이 그렇게 하기란 불가능합니다. 이율곡은 십만양병설을 주장했습니다. 그때 조선의 인구가 1,000만 명이었다고 가정한다면 전 국민의 1%로 국가를 지키는 방패를 만들자는 것 아니었겠습니까? 지금도 마찬가지입니다. 1%의 국민이 확고하게 역사의 발전에 대해 전략적 사고를 하고 있다면 아마 무서운 힘이 될 것입니다.

지금 우리에게는 그만한 밑천이 없습니다. 그것을 지도해 갈 역사적, 도덕적 밑천도, 인물도 없습니다. 우리 사회의 도덕적 밑천은 김영삼 대통령이 3당합당을 해서 모두 훼손시켜 버렸습니다. 김영삼 대통령은 자신의 도덕적 자산만이 아니라 이 나라 민주주의 정치 세력의 도덕적 자산을 절반 이상 없애 버렸습니다. 결과적으로 이렇게 도덕적 자산이 바닥났기 때문에, 정치인들이 존경 받지 못하는 것입니다. 다른 나라도 정치인들이 존경 받는다는 소리를 듣지는 못했지만, 그래도 우리나라처럼 정치인들이 존경을 받지 못하는 나라는 아마 없을 것입니다.

그래서 정치인들이 무슨 일을 해도 사람들이 관심을 갖지 않습니다. 으레 저 사람들이야 거짓말하고 사기 치고 이익만 있으면 옮겨 다니는 사람들이라고 생각하는 데 우리 정치의 비극이 있는 것입니다. 정치인이 거짓말을 하면 정치인이 그럴 수 있냐면서 흥분을 해야 합니다. 정치인이 원칙을 저버렸을 때 어떻게 그럴 수 있냐고 국민들이 화를 내야 합니다. 우리나라 국민들 가운데 정치인들이 말을 바꾸었다고 화를 내는 사람이 있습니까? 당을 바꿨다고 화를 내는 사람이 있습니까? 그렇다고 언론이 이야기를 합니까? 다들 구경만 하고 있습니다. 오로지 누가 게임에서 이기는가, 그것만이 최고의 가치를 지니고 있지 않습니까?

거듭 이야기하지만 정치적 가치와 도덕적 자산을 회복해 나가는 것을 통해서만 역사 발전이 이루어집니다. 그리고 그 역사 발전을 위해서 우리가 지닌 힘을 어떻게 모으고 어떻게 쓸 것이냐에 대해 전략을 갖는 것이 필요합니다.

이를 위해서는 이해관계를 넘어서 미래 사회에 대한 가치와 신뢰를 가지고 그것을 밀고 나갈 수 있는 역사의 주체, 다시 말해 시민적 주체가 있어야 합니다. 그들이 정책 수행에서 성공하고 도덕적 신뢰를 축적하면서 우리 사회를 주도할 때 비로소 진보의 세상이 열리는 것입니다.

정치란 결코 기술이 아닙니다. 경제 하나 가지고 어떻게 하는 것이 절대로 아닙니다. 정치란 역사적 과제에 대한 인식과 자각을 가지고 그 과제를 맞닥뜨렸을 때 문제를 풀기 위해서 도전해 가는 과정입니다. 대통령 한 사람에게만 이 임무가 있는 것이 아니라 시민 세력 모두에게 책임이 있습니다. 한 사람 한 사람의 노력을 통해서 사람들에게 감동을 주면서 시민 세력을 만들어 나가고 그 과정을 통해서 역사를 이루어 나가는 것입니다.

한국 사회의 역사적 과제

역사란 무엇인가? 지금 이 시기 세계의 역사는 무엇을 중심으로 어떻게 전개되고 있는가? 절대주의 국가의 국가권력에 맞서 시장을 주도하는 시장 권력이 도전하고, 거기에서 민주주의 정치 체제와 자본주의 경제체제를 획득해 낸 것이 근대 민주주의 혁명의 역사입니다. 절대주의 국가권력과 시장 권력이 싸운 것입니다.

시장 권력, 소위 자본가 권력이 내세운 것은 민주주의의 깃발이었지만 그들의 목적은 시장의 이익을 확대하기 위한 정치와 경제 제도를 만드는 것이었습니다. 민주주의 기치를 내세웠지만 결국 노동자와 무산계급들이 소외되었기 때문에, 이들이 정치에 참여해서 국가권력을 세워 시장 권력과 다시 싸운 것이 서구 사회주의입니다.

타협은 불가능하고 오로지 투쟁만이 역사를 발전시킨다는 생각, 그래서 혁명 노선으로 간 것이 서구 사회주의이고, 타협이 가능하다는 생각으로 투쟁과 타협을 배합해 나간 것이 사회민주주의, 이른바 회개한 사회주의입니다. 핵심은 국가와 시장 권력, 어느 쪽이 이 사회를 주도하느냐의 차이에 있다고 볼 수 있습니다.

서구의 사회민주주의가 한창 발전했을 때, 1942년 베버리지 보고서가 나오고 영국에 노동당 정권이 들어섰을 때 국가가 시장보다 우위에 서 있었습니다. 모든 국민들에게 인간다운 생활을 보장해야 한다는 가치를 실행하기 위해 국가가 우위에 선

것입니다. 그 뒤에 복지가 생겼습니다. 그러나 수혜자인 국민들에게 도덕적 해이가 발생하고 경제적 효율이 떨어지고, 한편으로는 경쟁의 시장이 세계화되었기 때문에 과도한 복지로는 경쟁에서 이길 수 없어서 다시 시장 주도 경제로 돌아가면서 국가의 권력을 축소시킵니다.

　　시장 우위의 사회 이후 지금 다시 나오는 것이 '제3의 길'과 '사회투자국가'입니다. 이 또한 국가와 시장의 관계를 어떻게 조정할 것이냐를 두고 나온 것입니다. 국가의 역할과 책임이 단지 시장경제를 뒷받침하는 것이냐, 아니면 모든 국민들의 인간다운 삶을 확보하고 조정해야 하느냐는 것입니다. 시장이 지금처럼 경쟁하면 시장 자체가 멸망합니다. 지속 가능한 성장, 지속 가능한 복지가 필요합니다. 그래서 국가와 시장의 새로운 관계를 설정하기 위한 사상과 제도의 모색이 시작되고 있고 이것이 우리에게도 역사적 과제라고 할 수 있습니다.

　　민주주의의 미래

역사 발전 과정에서 사회적 영향력이 있는 집단 사이에 끊임없이 권력투쟁이 벌어집니다. 나쁜 것이 아닙니다. 진보라는 의미에서 끊임없이 권력투쟁이 일어나고 있고 앞으로도 그럴 것입니다.

　　시장 권력이 있습니다. 시장 권력과 정치권력 사이에도 항상 갈등이 있습니다. 그다음 정치권력과 개인 사이에도 갈등이

존재합니다. 즉 인권의 문제이지요. 시장 권력과 개인 사이의 갈
등도 굉장히 심각한 문제입니다. 결국 민주주의 제도에서 어떻
게 하면 주권자인 시민이 가장 존중 받는 존재가 될 수 있을 것
인가, 인간의 존엄과 인간다운 삶의 가치를 어떻게 실현할 것인
가 하는 것이 궁극적인 문제입니다. 정치권력과 시장 권력, 정치
권력 상호 간의 투쟁에 매몰되어서 이야기하지만 항상 그 상위
의 가치에는 인간이 있습니다. 사람을 사람답게 하는 가치가 가
장 상위에 자리 잡고 있는 것입니다.

추상적으로 인간의 가치가 따로 존재하는 것이 아니고 정
치권력과 시장 권력의 갈등 관계 위에 이 가치가 버티고 있는 것
입니다. 이 관계를 어떻게 조절해 갈 것이냐 하는 것이 민주주의
사회에서 주권자의 과제인 것입니다. 정치권력을 제어하고 상
호 견제하게 하고, 시장 권력을 제어하고 시장 권력과 국가권력
사이의 관계를 제어하는 것은 결국 주권자의 선택인 선거의 결
과입니다.

선거를 얼마나 잘하느냐에 따라 주권자는 정치권력과 시장
권력 아래에서 지배 받는 개인이 될 수도 있고 정치권력과 시장
권력을 조정할 수 있는 상위 주권자가 될 수도 있습니다. 그것이
제가 말하는 민주주의의 미래입니다. 그런 역사적 관점에서 보
았을 때 지금 우리는 세계적인 차원에서 시장 권력과 정치권력
을 아주 효율적으로 통제할 수 있는 수준의 민주주의를 하고 있
습니다. 조금씩 시장 주도 사회에서 사회투자국가로 나가기 위
한 시계추 운동을 하고 있는 것입니다. 가장 중요한 것은 그 모
든 것 위에 사람이 있어야 한다는 것입니다. 사람을 존중하기 위

한 제도여야 하고 사람이 컨트롤할 수 있어야 민주주의인 것입니다.

시민 주권 사회, 사람 사는 세상

실제로 주권자의 힘이 정치권력, 시장 권력을 통제할 수 있습니까? 아닙니다. 주권자는 오히려 정치권력의 여러 가지 수단에 의해서 속임을 당하고 이용당하기도 합니다. 시장에서도 단지 소비자로서 이윤 추구의 대상일 뿐, 존중 받고 있는 것은 아닙니다. 전통적으로 권력을 행사하기 위한 세 가지 핵심적인 수단은 이데올로기, 돈, 공권력입니다. 이 세 가지 수단의 조합에 의해 권력이 사유화되고 특권화되고 지배 권력이 되는 것입니다.

여기에 개별적으로 존재하는 시민들이 시민사회를 만들고 정당을 만들어서 실질적으로 주권자의 역할을 하고 주권자로 대접 받을 수 있는 방법이 무엇인가? 이것이 민주주의 운동의 미래 과제입니다. 자각을 가진 개인을 시민이라 부르는데, 우리가 추구해야 할 역사의 방향은 시민 주권 사회라고 생각합니다. 이런 방향으로 세계 역사가 전개되고 있고 한국은 어떤 단계인지 살펴봐야겠지요.

경제적 측면에서는 국가 주도의 경제, 관치 경제, 특혜 경제를 통과했습니다. 일정한 시기까지는 그러한 경제체제가 효율적이었는지 모르지만, 일정 수준에 올라가면 시장 주도의 경제로 전환하지 않으면 성공할 수 없습니다.

박정희 대통령이 돌아가신 즈음 우리의 발전 국가 모델은 직전에 있었다고 합니다. 그 후 1980년대 제5공화국 당시 김재익 경제수석의 주도로 시장 원리를 상당히 많이 도입해서 경제 체제를 바꿨다고 합니다. 그때부터 서서히 시장주의 원리를 도입하기는 했지만 역시 독재 체제인 이상 한계가 있을 수밖에 없었지요. 본격적으로 시장 주도 경제로 전환한 것은 1987년부터입니다.

그러나 전환하는 과정에서 제대로 속도가 나지 않았기 때문에 1997년에 국가부도 사태를 만들어 낸 것입니다. 경제의 대붕괴가 온 것입니다. 관 주도 경제, 관치 금융이 완전히 시장주의 경제로 전환한 것은 국민의 정부에서입니다. 김대중 대통령 때 민주주의와 함께 시장경제가 본격화됐습니다. 한편으로 국민의 정부는 생산적 복지를 통해 복지와 성장을 함께 가게 하려는 시도를 했고, 복지 제도의 기초를 마련했습니다. 이제는 그것을 이론적으로 정리하고 다듬어서 발전시켜야 합니다. 그것이 바로 사회투자국가론입니다.

우리가 한국 역사에서 사회투자국가라는 새로운 전략, 한번도 써 보지 않았던 새로운 전략을 국가 발전 전략이자 경제 발전 전략, 국민복지 발전 전략으로 시도하는 과정입니다. 중요한 의미가 있습니다. 시장과 국가권력이 인간의 가치를 놓고 균형을 이루는 것이야말로 민주주의 원리에서 최고의 가치를 실현하는 것입니다. 제가 '사람 사는 세상'이라는 사인을 매일 쓰는 이유도 거기에 있습니다. 사람으로 대접 받고 그러기 위해 각자가 시민으로서, 주권자로서 자기가 할 역할을 해 나가야 된다고 봅니다.

그런데 이것이 잘 안 됩니다. 여기서 시장자유주의, 시장 주도의 사회에서 새로운 주류가 형성됩니다. 관치 경제의 시대에는 특혜와 반칙으로 성공한 사람들이 시장을 주도합니다. 그러나 자유시장 경제에서는 특혜와 반칙이 아니라 창의와 실력으로 정정당당히 경쟁해서 성공한 새로운 시장 주체들이 성장하는 것입니다. 그래서 원칙을 존중하고 게임의 규칙을 존중합니다. 창의적 경쟁을 통해 새롭게 성공한 사람들은, 자존심 강하고 자기 권리 주장이 분명하고 성공한 만큼 떳떳하게 대접 받고 싶어 합니다. 새로운 사람들입니다. 시민적 자존심을 가지고 자부심이 강하고 원칙을 존중하고 규칙을 존중하고 더 나아가 민주시민으로서의 자각, 지도자로서의 도덕적 자각 같은 것을 지닌 사람입니다.

자신의 이해관계를 판단할 때 시간적으로 멀리, 인과적으로 세심하게 볼 줄 알아야 합니다. 바둑으로 치면 두 수, 세 수까지 생각해야 합니다. 지금의 성공과 이 성공을 미래까지 지속시키기 위하여 국가와 시민이 해야 하는 역할이 무엇인가에 대해서까지 생각하는 전략적 사고를 해야 합니다.

전략적 사고라는 것은 이해관계와 많은 가치 속에서 복잡하게 이루어지는데 정리를 해 나가다 보면 민주주의 원칙과 인간이 오랫동안 배워 왔던 도덕적 명제로 연결된다는 것을 알게됩니다. 그래서 이해관계를 전략적으로 사고하게 되면 민주주의 원칙이 투철해지고, 도덕적으로도 성숙해집니다. 요즘의 예를 들면 저를 지지하는 사람 중에도 종부세 납세자가 아주 많습니다.

시장에서 자기를 새롭게 성공시킨 많은 사람들, 정정당당한 방법과 창의력으로 피땀 흘려 성공한 사람들이 국가가 해야될 일이 무엇인가에 대한 폭넓은 사고를 가지고 국가와 사회에 기여할 준비를 하고 있습니다.

그래서 미래의 민주주의는 계급적 집단에 기초한 정당, 그 정당의 투쟁에 의해서 실현되고 발전해 가는 것이 아니라, 자유롭고 공정한 시장 속에서 정정당당히 승부해서 성공한 사람들의 도덕적 각성과 민주적 시민으로서의 자각을 토대로 해서 발전한다고 생각합니다. 한국의 발전 과정을 더듬어 보면 이제 관치 경제에서 시장 주도 경제로 가 있습니다. 그렇다면 이대로 갈 것인가, 아니면 국가 역할을 더욱 넓혀서 국민이 함께 가는 민주주의로 할 것이냐 하는 기로에 우리가 왔다고 봅니다.

여기서 우리가 시민적 주체 세력이라는 이야기를 하려면 우리 역사에서 소위 독선과 부패의 역사, 분열의 역사, 패배의 역사, 굴욕의 역사를 어떻게 청산할 것인가 하는 문제가 대두됩니다. 결국 깨어 있는 시민 세력을 통해 오염된 역사의 찌꺼기들을 해소해 나가는 것이 굉장히 중요한 것입니다.

참여정부에서 수행했던 과거사 문제는 그 이전, 문민정부 때부터 시작된 것입니다. 그것은 억울하게 당한 사람들의 명예 회복 차원에서, 그리고 불법적으로 행사되었던 국가권력에 대한 반성의 차원에서 이루어져 왔는데, 참여정부에 와서 모든 것을 정리해서 종합적으로 해결하려고 많은 애를 썼습니다. 그렇게 한 이유는 우리의 지난날 역사를 하나하나 짚어 가면서 그 역사로부터 물려받았던 패배주의, 편의주의, 기회주의, 이런 문화들을 해소하지 못하면 우리의 새로운 미래를 열 수 없다는 생각이 들었기 때문입니다.

돈을 많이 벌었어도 그것만 가지고 세계를 주도하는 국가가 될 수 없습니다. 또 우리 국민들의 도덕적 자각과 성숙도가 어느 수준에 이르지 못하면, 권력 내부의 원칙 없는 투쟁, 시장과 정치권력 사이의 타협 없는 투쟁, 이런 모순만 계속 반복될 뿐입니다. 그 위에 존재하는 국민의 인간다운 삶과 가치, 주권자로서의 지위, 이런 것을 만들어 내지 못한다는 것입니다.

그래서 저는 기회주의와 불신의 문제를 끊임없이 제기하고 집착하는 것입니다. 그것이 사람 사는 세상을 만드는 데 본질적 과제입니다.

노무현 대통령 연보

1. 유년과 성장

1946.9.1.   경남 김해시 진영읍 본산리에서 가난한 농부인
             아버지 노판석 씨와 어머니 이순례 씨 사이에서 3남
             2녀 중 막내로 태어나다.

1959   경남 김해시 진영읍 대창초등학교를 졸업하고
             진영중학교에 입학하다.

1960.2.   이승만 대통령 생일 기념 글짓기 행사에서
             동급생들과 백지를 내다.

1962   부일장학생에 선발되다.

1963.2.   진영중학교를 졸업하고 부산상고에 장학생으로
             입학하다.

1966.2.   부산상고를 졸업(53회)하고 어망 회사 '삼해공업'에
             입사하다.

1966   봉하마을 뱀산에 토담집 마옥당(磨玉堂)을 짓고 고시
             공부를 시작하다.

1966   울산 건설 현장에서 막노동을 하다 산업재해를
             당하다.

1966.11.   '사법 및 행정요원 예비시험'에 합격하다.

2. 도전과 성취

1968.3. 육군에 현역으로 입대하다.

1971.1. 강원도 인제에서 육군 상병으로 만기제대하다.

1971 3급(현 5급) 공무원 1차 시험과 사법 고시 1차 시험에
합격하다.

1973 권양숙 여사와 혼인하고 장남 건호를 얻다.

1973 맏형 영현 씨 교통사고로 사망하다.

1975 제17회 사법 고시에 합격하고 사법연수원 7기
연수생이 되다.

1975.9.11. 장녀 정연 태어나다.

1976 아버지 노판석 씨 사망하다.

1977.9. 대전지방법원 판사로 부임하다.

1978.5. 부산에 변호사 사무실을 열다.

3. 인권 변호사

1981 『부산일보』에 생활법률상담 연재를 시작하다.

1981.9. 부림사건 변론을 맡다.

1982 문재인 변호사와 공동 사무실(현 법무법인 부산)을
열다.

1982.5. 부산 미국문화원 방화 사건 변호를 맡다.

1984 부산공해문제연구소 이사를 맡다.

1985 부산민주시민협의회 상임위원으로 활동하다. 울산,
마산, 창원, 거제도와 경북 구미공단 등을 다니며

노동운동을 변론하다.

1986.5.	'민주화를 위한 변호사 모임'의 모태가 된 정법회 창립에 참여하다.
1986.6.	송기인 신부 권유로 천주교 세례(세례명 유스토)를 받다.
1987.2.	고 박종철 군 추모 대회에서 연행되어 부산시경 대공분실에 구금되다.
1987.5.	민주헌법쟁취국민운동 부산본부 상임집행위원장을 맡다.
1987.9.	대우조선 고 이석규 씨 유족을 돕다가 '장례 방해', '제3자 개입'으로 23일간 구속되다. 변호사 업무 정지 처분을 당하다.
1987.11.	변호사 업무 정지 처분을 당하다.
1987.12.	'양김 분열' 속에 치러진 제13대 대선에서 공정선거감시운동 부산본부장을 맡다.
1988.4.	제13대 국회의원에 당선(통일민주당, 부산 동구)되다. 국회 노동위원회에서 이상수, 이해찬과 함께 '노동위 3총사'로 활동하다.
1988.6.	변호사 업무 정지 해제되다.
1988.12.	'제5공화국비리조사특별위원회'에서 '청문회 스타'로 각광받다.
1989.3.	제도 정치에 한계를 느끼고 의원직 사퇴서를 제출하다.

4. 통합의 정치

1990	3당합당에 반대, '작은 민주당'을 창당하다.
1990	민자당의 방송법 등 날치기 처리를 규탄하며 김정길, 이철, 이해찬 의원과 함께 의원직 사퇴서를 제출하다.
1991.9.	야권 통합을 주도하여 통합민주당 대변인이 되다.
1992.3.	제14대 총선(민주당, 부산 동구)에서 낙선하다.
1992	김대중 대통령 후보 청년특위 물결유세단장을 맡아 제14대 대선에 참여하다.
1993	지방자치실무연구소를 설립하다.
1993.3.	민주당 최연소 최고위원으로 당선되다.
1994	『여보, 나 좀 도와줘』를 출간하다.
1995.6.	부산시장(민주당) 선거에서 낙선하다.
1996.4.	제15대 총선(민주당, 서울 종로)에서 이명박, 이종찬 후보와 경쟁하여 3위로 낙선하다.
1996.11.	국민통합추진회의(통추)에 참여하다.
1997	SBS 라디오 '노무현 김자영의 뉴스대행진'을 진행하다.

5. 원칙과 소신

1997.11.	새정치국민회의에 입당해 김대중 대통령 후보를 위한 방송 연설을 하다.
1998	어머니 이순례 씨 사망하다.
1998.7.	제15대 종로구 보궐선거에서 당선되다.

1998	정치 업무 표준화 시스템 '노하우 2000'을 개발하다.
1999	부산 출마를 선언하고 종로 지구당을 포기하다.
2000. 4.	제16대 총선(새천년민주당, 부산 북·강서을)에서 낙선하다.
2000. 4.	대한민국 최초의 정치인 팬클럽 노사모(노무현을 사랑하는 사람들의 모임)가 탄생하다.
2000. 8.	해양수산부 장관에 취임하다.

6. 신화를 만들다

2001. 11.	『노무현이 만난 링컨』을 출간하다.
2001. 12. 10.	『노무현이 만난 링컨』 출간 기념회 및 후원회 행사에서 대통령 선거 출마를 공식 선언하다.
2002. 3.	민주당 국민 참여 광주 경선에서 1위를 기록하며 노풍을 점화시키다.
2002. 4.	국민 참여 경선을 통해 민주당 대통령 후보로 선출되다.
2002. 10.	『노무현의 리더십 이야기』를 출간하다.
2002. 10. 20.	개혁국민정당이 창당 발기인 대회에서 노무현 후보 지지를 결의하다.
2002. 11.	국민통합21 정몽준 대표와 후보 단일화에 성공하다.
2002. 12. 19.	대한민국 제16대 대통령에 당선되다.

7. 대한민국 대통령

2003. 2. 25.   제16대 대통령에 취임하다.

2003. 4.   청남대를 국민들에게 돌려주다.

2004. 1.   균형 발전 3대 특별법 서명식을 갖고, 지방화와 균형
발전 시대 선포식을 갖다.
용산 미군기지의 평택 이전을 확정하고, 60년 만에
용산을 돌려받다.

2004. 3. 12.   한나라당과 민주당이 대통령 탄핵소추안을 의결하다.

2004. 4. 15.   열린우리당이 총선에서 과반 의석을 얻다.

2004. 5. 14.   헌법재판소가 탄핵소추를 기각하다.

2004. 5. 20.   열린우리당에 입당하다.

2004. 10.   과학기술부를 부총리 부처로 승격시키고 장관을
부총리로 임명하다.

2005. 3.   투명사회협약 체결식을 갖다.

2005. 7.   대화와 타협의 정치 문화를 위한 선거구제 개편과
함께 대연정을 공식 제안하다.

2006   한미 자유무역협정 협상을 시작하다.

2006. 2.   직접 개발에 참여한 청와대 업무관리 시스템
'e-지원'(e-知園)을 특허등록하고, 누구나 무상으로
활용할 수 있게 공개하다.

2006. 4.   독도 영토주권 문제에 대한 한일 관계 특별 담화를
발표하다.

2006. 8.   2030년까지의 국가 장기 발전 전략인 '국가비전
2030'을 발표하다.

2007.1.	책임정치 구현을 위해 대선과 총선 시기를 일치시키는 원 포인트 개헌을 제안하다.
2007.2.	당의 요구로 열린우리당 당적을 버리다.
2007.6.	대통령비서실에서 『있는 그대로, 대한민국』을 출간하다.
2007.7.	행정중심복합도시인 세종특별자치시의 기공식을 갖다. 수도권과 지방의 상생 발전을 위한 2단계 균형 발전 선포식을 갖다.
2007.9.	『한국정치, 이대로는 안 된다』를 출간하다. 지방 균형 발전을 위한 혁신 도시와 기업 도시 기공식을 시작하다.
2007.10.	평양을 방문하여 제2차 남북 정상회담을 개최하고 10·4공동선언을 발표하다.

8. 귀향, 그리고 서거

2008.2.25.	대통령 임기를 마치고 고향 봉하마을로 돌아오다.
2008	봉하마을에서 친환경 생태 농업과 하천 습지 복원, 숲 가꾸기 등 '아름답고 살기 좋은 마을 만들기' 프로젝트를 시작하다.
2008.3.	봉하마을과 화포천을 자원봉사자들과 함께 직접 청소하다.
2008.4.	광주 망월동 5·18묘역을 참배하고, 방명록에 '강물처럼'이라는 글을 남기다.

2008.5.	김해 특산물인 장군차밭을 방문하여 제다(製茶) 체험을 하고, 봉하마을에 장군차나무를 심다.
2008	함평·진주·하동·광양·평창·영월·정선·영동·논산·금산·서천·함양 등 전국의 살기 좋은 마을 가꾸기 모범 사례를 직접 찾아다니다.
2008.6.14.	친환경 농사를 위해 논에 오리를 풀어놓는 행사를 갖다.
2008.10.	10·4남북정상선언 1주년 기념식에 참석해 강연하다.
2008.10.20.	콤바인을 몰고 봉하오리쌀을 직접 수확하다.
2008.12.5.	봉하 방문객에게 마지막 인사를 하고 칩거하며 '진보주의' 연구와 회고록 준비를 시작하다.
2009.4.30.	검찰에 출두하다.
2009.5.23.	서거하다.